JN062378

重たい波動を

「手放し」

100%

魂のカタチを

生きる

TEHANASHI

松本良美

Matsumoto
Yoshimi

TEHANASHI

Matsumoto Yoshimi

## テハナシ

この言葉には「手の話（テノハナシ）」「手放し（テバナシ）」という二つの意味が含まれています。

**一つ目の意味は「手の話」**

私たちのエネルギーは全て、この手を通して循環されています。

だからこそ、手には全てが表れています。

私は一つとして同じ形がない「手」に興味を持ち始め、全ての「魂のカタチ」は存在するだけで価値がある、ということを知りました。

全ての人がありのままの魂を生きられた時、どんな素晴らしい世界が描かれるのだろう！　それが今も尚、私が沢山の方の手に興味を持ち続ける原動力となっています。

**二つ目の意味は「手放し」**

私は、手に表れた「魂のカタチ」を生きる為には、「手放し」をせずには進んでいけないことも知りました。

無意識に握りしめていた、固定観念やエゴ、出してはいけないと思っていた重たいエネルギーなど、手放すものは様々です。

**そして「テハナシ」へ**

抱え続けていた様々なものに気づき、向き合い、不要となったものは手放していく。

いくつもの手放しが完了した時、手放したい、手放さなければ、という認識はなくなり、手から離れている「テハナシ」の状態になる。

「テハナシ」の意識になれた時、同時に、「魂のカタチ」を生きるスタートラインに立っています。

本書『テハナシ』は、私が「手」を通して学んだ「手放し」の必要性とその方法をお伝えしていく内容となっています。

# まえがき

こんにちは。松本良美です。

「手」に興味を持ち続けながら三十五年来の探究をもとに、「手相観（てそうみ）&リーディング」を独学で築き上げ、これを仕事として独立してから十一年目となります。

私の手相観は、手の甲から「魂のカタチ」を読む、というオリジナルのスタイルが特徴です（手の平からは、魂のカタチを生きる為の自分らしい在り方、その方の潜在意識からのメッセージを読み解きます）。

「私の魂のカタチは？」
「魂のテーマが知りたい！」
「ありのままの私で生きていきたい！」
「なんとなく手相を観てもらおうかな」

など、いらっしゃる方のきっかけは様々ですが、これまで一万人以上の方々の手と対話をしてきました。

手に表れた魂からのメッセージをお伝えすると、皆さんの中に宿る魂が共鳴するので、「魂が震えるってこういうことか！」と、その体感に感動してくださいます。

その後、全ての方にもれなく共通して起こることがあります。
それは、いざ「自分の魂のカタチを生きよう！」と進み始めた途端、それを良しとして自分に許可できないことに苦しみ、もがいてしまうことです。

魂のカタチを知っても、実際にその通りに生きることができなければ、知る前よりも、しんどいのです。

その経験を踏まえて、私の手相観&リーディングでは、セッションに入る前に必ず「魂のカタチを生きる方法」を、時間をかけてお伝えしています（本書ではPART 1にあたる部分）。

二〇一七年には、『100%「魂」のカタチ』（ヒカルランド）を通して、魂のカタチを生きる方法、手放しの必要性、私自身がどのように手放しを進めてきたか？という体験談も含めた手放しにまつわる本を出版しました。

その当時は、皆さんが感覚的に、
「嫌だと思っていることを手放さないとダメだよね」
「魂のカタチを生きるにはズレた自分になっているよね」
と気づいてはいるものの、現実の日常において、手放しの必要性は、まだ感じていませんでした。

それから六年。

二〇二〇年からのコロナ禍を通して、ずっと続くと思っていた関係性や仕事、様々な体制など、目の前の現実がひっくり返るような現象を目の当たりにすることで、これまで自分たちが〈外側の世界に期待していた＝依存〉を持ったままでは、常に不安と向き合わされていくことに気づかされました。

変わり続ける現実を通して、個人レベルでも、今までは誤魔化せていた違和感、不快な感情、身体の疲弊などを明確に感じ取ることができるようになり、自分の中の重たいエネルギーを解き放ち、楽になりたい、スッキリしたい！　と、心底望む方が増えました。

ひっくり返った先に現れる新しい時代を生きていく為には、この重たいエネルギーを引き連れたままでは進んでいけない。

「まずは、これらを手放すことが必要だ」

それを自発的に気づいた時が、その人にとっての「手放しのはじまり」です。

そして「手放そう」「手放しが大切」とは聞くものの、「手放す方法」について、これまで誰も教えてはくれませんでしたし、進もうとすれば、とても厳しい道です。

だからこそ、「手放し」との向き合い方を必要な方に伝えていくことが私の使命だと思っています。

今回の『テハナシ』は、前作の『１００％「魂」のカタチ』では伝えきれなかったこと、私自身の体験からの気づき、読者の皆さんからの質問を通して、全て実体験から生み出された、魂のカタチを生きる為の手放しの方法です。

## この本の使い方

この『テハナシ』の内容は、私の実体験から気づかされ身をもって学んだことが土台になっています。

頭では「魂のカタチ」を生きる為の理想的な在り方を理解しているのに、現実ではエゴを振り回してしまい人と対立したり、途中で諦めたり、逃げ出したくなったり……。

他者から見れば、失敗や、不成功と思える体験を繰り返しながら生きています。

だからこそ言えるのは、間違えずに、正しい道、成功の道へと直通で行こうと思っても、それはなかなか難しい、ということ。

むしろ、道から外れてしまったことで、それ以上進むことができなくなった時に、魂のカタチを生きる道に引き戻され、また進み始める時には、自分のエゴや固定観念の手放しを余儀なくさせられる。

私はいくつもの失敗体験から、魂のカタチを生きる為には本来の自分に戻る為の手放しが必要だということを学ばされました。

これらのことから特に、大切なこととしてお伝えしたいのは、この本を「間違わない為、失敗しない為」のルールブックのように捉え、読みながら自分を責めてしまったり、理解しただけで終わらせないようにしてほしい、ということです。


この本を読んでいく中で、過去の失敗、勘違いや間違いを思い出したり、今日一日を振り返ったりした時に、理想通りの自分で過ごせなかったことが思い当たるかもしれません。

この本が効力を発するのは、それらから目を背けず、自分の内側と向き合い、手放しを実践した際、自分の疑問に対する手引きや、感想の答え合わせとして読んだ時です。

そして、

「こうだから、私はこうなったのか？　では、こっちをトライしてみよう」

と、トライ&エラーを続けていってください。

失敗体験をして外れてみた時にこそ、この本のメッセージは、心底「そうか！」と腑に落ちるものです。


頭で理解したことと体験が合致して本物の理解になっていく。

それ以外は、分かったつもり、です。

**体験こそが宝です。**

私自身、今も尚、内側と向き合い続けては手放しをさせられ、その度に、自分自身の発見と気づきが生まれ、まだその先に奥行きがあることを知り、進む度に古い自分を壊し、新たな自分に出会っていきます。

それは、自分自身が進化しているということですが、「手放し続けているから進化し続けられる」ということをしみじみ感じています。

この『テハナシ』は今現在の完全版となっていますが、きっとまだまだ進化していく終わりのない世界だと思っています。

CONTENTS


テハナシ…002
まえがき…004
この本の使い方…008

PART 1 魂を宿す私たちの仕組み、この世界の成り立ちについて理解する…019

Chapter 01 | **「魂のカタチ」を生きるということ**…022
魂について…022
魂はなぜ転生するのか？…023
〈「魂のカタチ」を生きること〉と、〈私を生きること〉は違う…025
「魂のカタチ」を生きるとは？…027
「魂のカタチ」を生きることは幸せなのか？…028

Chapter 02 今の自分を理解することから始めよう…029
「魂のカタチ」を生きたい！　と思った時から「手放し」が始まる…029
思い込みや過去へのしがみつきを手放しながら本当の自分を知っていく…032
素直な気持ちを伝えられていますか？…034

Chapter 03 私たちを構成する四つのエネルギー…039
「感覚」「感情」「思考」「肉体」四つのエネルギーの特質…039
今、私たちは本来のままにエネルギーを使えていない…041
「魂のカタチ」を生きる為のエネルギーの使い方…043
〈感覚エネルギー〉を内側に向ける、外側に向ける、とは？…044
〈感情エネルギー〉を内側に向ける、外側に向ける、とは？…052
〈思考エネルギー〉を内側に向ける、外側に向ける、とは？…058
〈肉体エネルギー〉を内側に向ける、外側に向ける、とは？…066
「手放し」は、内側に意識を向けてエネルギーを使うことから始まる…071

Chapter 04 潜在意識と集合無意識…074
潜在意識について…074

潜在意識が目の前のドラマを映し出すチャンネル主導権を握っている…077
どうして潜在意識が目の前のドラマを映し出すの？…081

Chapter 05 固定観念について…085
固定観念の仕組み…085

PART 2 手放しからテハナシへ…091

Chapter 06 手放しのはじまり…092
いよいよ「手放し」の実践に進んでいきましょう…092

Chapter 07 自分に意識を向けて問いかける…096
手放しの第一段階
いい人でいる為に、自分を感じないようにしていたこれまでの自分を手放す。…096
固定観念を外すワーク…106
固定観念がなくなるとどうなるか？…110
第一段階で寄せられる質問…111

Chapter 08 自分の「好き」と「嫌い」を明確にする……117

手放しの第二段階 自分の内側から出てくる全ては私そのもの。好きと嫌いを曖昧にしてきた自分を手放す。……117

自分を理解する、とは、「好き」と「嫌い」を明確にすること……122

「嫌い」の対極に「好き」が現れる……127

「嫌い」をさらに明確にしてみよう……130

明確にした「嫌い」から「好き」が現れる……133

第二段階で寄せられる質問……136

Chapter 09 重さを手放しどんどん軽くなっていく……140

手放しの第三段階 私が私を認めてあげる。誰かの期待に応えてきた自分を手放す。……140

エゴについて……145

手放しはイメージの世界だけで完了……148

重たいエネルギーを手放すお掃除ワーク……152

好きな世界を求める前に、「嫌い」を手放しスペースを空けること……157

手放しは外側の誰かや何かを切り離すことではない……160

お掃除ワークで分かる、自分が我慢してしまうパターン…165
エゴは被害者意識を持つ…172
お掃除ワークをする度に、新しい体験への招待状が届きます…174
お掃除ワークの後の過ごし方…176
人のせいにする生き方を終わりにする…181
【Column】お掃除ワークをした方からの質問…185

Chapter 10 | さよならこれまでの自分…203

手放しの第四段階

何者かになって周囲に認められる自分にならなければいけない！
このままでは価値がない！　と頑張っていた自分を手放す。…203
ラスボスは両親…212
これまで抑え込んできたありのままの自分に出会う…218
第四段階を突破することは、新しい自分を自分で生み出すこと…227
自分の一部となっていた両親を手放すことが本当の自立…230
バカになれないと宇宙とは繋がれない…234
過去や未来に振り回されず、今この瞬間に意識を向ける…238
出しきるパワーを思い出す…240
手放しは自分でしかできないけど一人ではしんどい…242

Chapter 11 自分の魂を中心軸に生きる…246
手放しの第五段階 体験をする為に今この瞬間を生きる。正解不正解で生きてきた自分を手放す。…246
第五段階までのまとめ…254
PART 3 テハナシをして共生のステージへ…259
ゼロの状態に戻る…260
所有意識から共有意識へ、新しい時代が始まる…265
全体の中の一つであることを思い出す…267
どうすれば仲間に出会えるか？…271
おわりのはじまり…274
あとがき…278
あとがきのあとがき…281

ブックデザイン　デザイン軒
校正　麦秋アートセンター

# PART 1

# 魂を宿す私たちの仕組み、この世界の成り立ちについて理解する

「魂のカタチ」を生きる為の「テハナシ」を進めていくにあたって、理解しておいていただきたいことをお伝えしていきます。

**・「魂のカタチ」を生きるということについて**

本書でお伝えする「魂」について理解していただき、「魂のカタチを生きたい」と自ら思うことが、この先のテハナシを進めていく上での原動力になっていきます。

**・魂を宿す私たちの仕組みについて**

私たちを構成する四つのエネルギーについて理解し、視えない魂のカタチを視えるカタチにする為には、どのように四つのエネルギーを扱っていくのか？　今の自分はどんな状態なのか？　改めて認識してみましょう。

**・この世界が成り立っている仕組みについて**

本書で伝えているのは、自分自身の潜在意識を変えていくこと。

この世界が三層の意識で成り立っていることを理解できると、自分自身を信頼しながらテハナシを進めていくことができます。

これらについて理解を深めていくことが、テハナシの実践に入った時、大切になってきます。

じっくりと読み進めてください。

# Chapter 01 「魂のカタチ」を生きるということ

## 魂について

魂は私たちひとりひとりの中に宿っている、非物質のエネルギーです。

ここでは、人間という存在に絞ってお伝えします。

魂は、この地球上で生命を授かった時から今日に至るまで、全ての人の中に存在しています。

では、この肉体が生まれる時に、魂も一緒に生まれたかというと、そうではありません。

私たち人間の中に宿る前の魂は、宇宙の一部として、この太陽系地球を包み込む宇宙のどこかに存在していました。

宇宙を大海原（おおうなばら）にたとえるならば、魂は、大海原の中の一滴のしずくです。地球にやってくる時に、大海原から飛び出して一滴のしずくとなって私たちの中に存在しています。

魂は輪廻転生（りんねてんせい）を繰り返すことで、自分の魂に必要な様々な体験や経験を重ねます。

今回、私たちの中に宿る魂は、この地球を体験のステージに選びました。

この地球上で、肉体と思考と感情を持った人間として存在し、二極の相対するエネルギーがある世界を学びにきたということです。

有限な物質世界・地球で、いずれ寿命がきた時、肉体は土に還ります。


その時、魂は肉体を離れて、故郷である無限世界・宇宙へと戻ります。


この地球で〈私〉として体験した情報を携えて、魂は宇宙の一部になるということです。

〈私〉という個の体験が、宇宙全体に共有されます。

## 魂はなぜ転生するのか？

私たちの中に宿る魂には、転生をする意味があって、今この地球に存在しています。

それは、魂が持つテーマや使命を体験する為です。


ここでちょっとイメージしてみてください。

ひとりひとりが宿した魂は、それぞれ、特徴や性質、能力や個性を有しています。

その本来の魂のカタチを１００％として、そのまま１００％のエネルギーを全身で表現しながら生きることができたら、それは全く抑圧がない生き方ということになります。

この魂が、前世では、１００%のうち40%のカタチしか表現できなかったとしたら、残りの60%は自らを抑圧してきたということになります。

抑圧した理由は様々あると思います。

出してはいけないと言われたことに従った、出すのが怖かった、出さなくてもいいと思った……などなど。いずれにしろ、自分を60%我慢させることを赦（ゆる）してきた状態で、宇宙に戻ったということです。

それが自らを抑圧することを良しとする、癖やパターンとして魂に刻まれています。

そしてこの癖やパターンは、重たいエネルギーです。

この重さを手放さないと、魂のカタチ１００%で生きることができません。

前世からの続きを学ぶ為に、魂は自分にとって最高最善の転生先を探します。

魂が持つ癖やパターンを再現できる最高最善な国、時代、環境、両親が揃っている場所です。

生まれた時は１００%ありのままの魂のカタチを生きていますが、そのまま生きていくと、抑圧されるというドラマが始まります。その状況とは、前世と同じパターンで抑圧をしてくれて、諦めて我慢してしまい、自分の魂のカタチを40%までしか出せない癖がしっかりと現れる、プログラムしてきた通りのドラマの再現です。

プログラム通りに重たいエネルギーに抑圧されることをうんざりするまで体験しながら、癖やパターンを手放すことが、魂のテーマです。
テーマをクリアして魂のカタチ100%を生きていける状態に辿り着いた時、テハナシの状態となり、そこからいよいよ魂の使命を最大限に体験します。

個としての現実生活を送りながら、重たいエネルギー・波動を手放すことは、同時に、魂と繋がっている宇宙の波動が上がることになります。

## 〈「魂のカタチ」を生きること〉と、〈私を生きること〉は違う

魂のカタチを生きる、とは、全体意識を生きること。
それは、私、という個人のエゴを満たす個人意識とは真逆の意識です。

全体意識を生きるとは、決して、何かの為に生きるべき、という自己犠牲的な我慢の上に生きているのではなく、歓びや感謝が湧き上がりながら自分が得意なことを循環して生きていることが、自動的に全体の為になっている状態です。

私たち、という宇宙全体の一部である自分の中の魂が歓ぶ生き方を重ねるということ。

そして、その状態は、宇宙全体の波動上げに自然と貢献しているということになるのです。

想像するとワクワクするけれど、実際に「魂のカタチを生きよう」と、日常生活を送り始めると、

「今すぐ、そのように生きていくことは難しい」

「現状でまだやることが沢山ある」

「自分のことだけで生きていくわけにはいかない」

など、様々な置かれた立場によって、立ち止まってしまう時もあります。

魂のカタチを生きてみたい、と思った時から、まずは私というエゴを体験し尽くす為に、どんどん、自分のエゴに出会っていきます。

魂のカタチを生きる為には、エゴ（個人意識）を生ききらないと、魂のカタチ（全体意識）を生きる、というステージには入れません。

入ったと思っても、またエゴに引き戻され、私に向き合わされます。

その時に、本書でいう「手放し」と向き合っていくことが実感できると思います。

## 「魂のカタチ」を生きるとは？

もともと宇宙の一部だった魂は、この地球上で〈私〉が生まれた時に宇宙からやってきて〈私〉の内側に宿り、今もずっと自分の内側に存在している目に視えない非物質のエネルギーです。

その非物質のエネルギーを、この現実世界では目に視える形にする必要があります。

その為に、地球上で私たちは、人間、という物質の存在で生きます。

人間には、感情、思考、肉体というエネルギーが備わっており、それらエネルギーを自分の内側にある魂に向けて注入します。内圧が高まると自動的に外側の世界に向けてエネルギーの放出が起きます。

魂のままに表現する、創作する、コミュニケーションする、など、得意なツールを通して、全心身で魂のカタチを視える化します。

魂のカタチを生きる、とは全エネルギーを内側の魂に注入し、それを視える形にして循環し続けている状態、ということです。

# 「魂のカタチ」を生きることは幸せなのか？

魂は自分の内側にあります。
魂のカタチを生きる、とは、内側の中心軸である魂にエネルギーを集めて生きること。
言葉を換えると、自分の人生の司令塔は魂であり、自立をしている状態です。
その対極は、自分の外側の世界に合わせて生きる、ということ。
人生の司令塔は他者となります。依存、という状態ですね。

どちらも、自分で選択できることです。幸せな在り方は千差万別。
どちらが楽で、どちらが幸せか？　今の自分に合っているのはどんな生き方か？

答えは自分の中にあります。

Chapter 02

# 今の自分を理解することから始めよう

## 「魂のカタチ」を生きたい！　と思った時から「手放し」が始まる

魂のカタチを生きるということは、自分の内側にある魂に、感情、思考、肉体のエネルギーを注入して生きていくこと、とお伝えしました。

では、まず、今の自分はどんな状態なんだろう？　と気づく為に、ひとつ、質問させてください。

「本当に自分が好きなことってなんですか？」

自分に問いかけてみてください。
その答えは自分の内側にあります。

すぐには答えられないかもしれません。

改めて、自分の内側の答えを知ろうと思った時に……

・自分への問いかけ方が分からない
・自分の答えがはっきりしない
・知ってしまうのが怖い

ということに私たちは気づきます。

自分自身と向き合うことより優先してきたことが、相手を気遣い思いやり行動を合わせることと、自分を我慢させてでも生活の安定を優先すること、だった方は、いざ、自分の内側と向き合うとなると、戸惑(とまど)って当たり前だと思います。

同時に、日々の体験を重ねる中、自分の内側にある違和感や身体の疲れなど、心や身体の反応は置いてきぼりになっていたことに気づきます。

これまでの教育論、道徳論は、相手を優先し、自分を優先するのはわがまま。社会的に見て評価を受けるのは、自分に我慢を課している状態でした。

また、生まれてから義務教育期間頃までは、他者から愛やお金、スキンシップなどのエネルギーを注がれて成長していく依存時期です。

相手からのエネルギーを受け取る為に、自分の感覚や感情を抑えることを覚え、相手の言うことを聞き、周りが評価してくれる方法を必死に身につけて生き抜いてきました。

いつしか、

「自分は我慢ができる。強い人間だ」

と、自分のことを理解してきました。

良かれと思って抑え込んできた自分の内側と向き合うことは、過去を引きずる未練がましいこと。自分は何の不満もないし、怒りもないし、悲しくない。まぁ、いろんなこともあったけど、それはそれで仕方なかったこと……。

「自分のことは一番自分が分かっている」

そう思いながら前だけを見て生きてきました。

自分の内側と向き合う必要に迫られることはありませんでした。

魂のカタチを生きる為の手放し。

その最初の一歩は、「自分のことは分からない」と気づいてあげること。

そして、自分の内側と向き合っていく準備からとなります。

## 思い込みや過去へのしがみつきを手放しながら本当の自分を知っていく

たった一人、誰とも関わらずに生きていれば、自分が揺さぶられることは少ないかもしれませんが、他者と関わり、新しい体験をした際は、知らない自分に出会っていきます。そのつど「分かったつもり、知ってるつもり」だったことに気づかされ、驚いたり恥ずかしくなったりします。

「分かったつもり、知ってるつもり」とは、思い込みや過去の自分にしがみついている状態なので、それを手放せないと、自らの進化を止めてしまいます。

例えばこんなことが現実で起きたとします。

・パートナーが浮気をした
↓許せない！　嫉妬に震え怒り狂った！
・就職してみたらブラック企業だった
↓ありえない！　最初の話と全く違う！

・信頼した知人に騙されていた
↓ショック！　誰も信じられない！


このように、衝撃的なことが起きると、私たちはそれを全力で拒絶します。

「こんなはずじゃない！」

「こんなワケがない！」

「これは私じゃない!!」

目の前のドラマを受け入れられずに、そこで立ち止まってしまいます。


そこから進んでいく為には、これらを受け入れて、「自分だと思っていたものや信じていたことが過去の幻想だった！」と、「つもり」の自分を手放し、自分の体験の一部として昇華していく必要があります。


これから、この本とともに、自分の内側への旅が始まります。

踏み込んだ自分の内側には、実は泣き虫で、弱虫な、見てはいけない、見たくなかった自分がいるかもしれません。

「私は大丈夫」と思い込んでいたけれど、本当は自分を分かっていなかった！　と愕然(がくぜん)とするかもしれません。

その度に、沢山の「つもり」の自分、「これが自分なんだ」と思い込んでいた過去の自分を手放して、新しい自分を発見することになります。

歓びを感じたと思ったら、しんどさも感じる。
波乗りのように様々な感情を体験していく道程ですが、進むほどに軽やかになる旅路です。
一緒に進んでいきましょう。

## 素直な気持ちを伝えられていますか？

「自分のことが分からない」という際にも、
〈自分が何を考えているのか分からない〉
という場合と、
〈自分が何を感じているのか分からない〉
という場合があります。

あれ……？

「何を考えている？」＝思考
「何を感じている？」＝感覚・感情

この二つの質問が同じ意味だと捉えていたりしませんか？

ここで、ちょっとこんな話。
まずは、私のところに、交際中の彼女とのことを相談しにきた十代の男子との会話から。

私「その子とどうしたいの？」
男子「彼女の心は離れているのだから、諦めるしかないよね……」
私「自分の気持ちはなんて言ってる？」
男子「仕方ないよな、って言ってる」
私「何に対して仕方ない、って言ってる？」
男子「僕が好きでも仕方がないってことだよ」
私が質問したことへの答えは、その〈好き、一緒にいたい〉だけでいいんだよ、と説明すると、彼は、
「自分では気持ちを伝えているつもりが、思考で話していたんだね」

と気づき、

「思い返せば小さい頃から、感情を表現したことなんてなかった」

と、自分の本当の気持ちと繋がり、瞬時に涙を浮かべました。

次に、「自分の気持ちをしっかり旦那に伝えた」とセッションで報告してくれた四十代女性Aさんとの会話。

Aさん「今回は耐えられなくて、気持ちをぶちまけたんです」

私「旦那さんにはなんて伝えたの？」

Aさん「いつも好き勝手な行動しているけれど、帰りの時間が遅くなる時とか、どうしてちゃんと連絡しないの？　このままだったら、もう夕飯作るのやめます！　って」

私は、「それは気持ちを伝える、ではなく、思考で問いかけた質問になってるよ」と説明します。

Aさんは、素直になんでも気持ちを伝えてきたつもりだったけど、相手の気持ちを問いただすような会話しかしてこなかったことに気づきました。

コミュニケーションをしているつもりが、喧嘩（けんか）になってしまった、という経験が多い人は、相手に気持ちを伝えることではなく、問いかけをしているかもしれません。

素直な気持ちを伝えると、喧嘩にはならないものです。

僕のこと、もう好きじゃないんでしょ？
↓
「僕はあなたが好き」

どうして遅くなるって連絡くれないの？
↓
「一緒に夕飯を食べたかった」

お腹空いてない？
↓
「私、今、パスタを食べたい」

今日何してる？
↓
「今日会いたいな」

感情と思考は別物。

分かってはいるけど、シンプルに素直な気持ちを伝えることって難しい……。

自分のことなのに内側の状態を曖昧にしていることって意外に多いです。

自分を知る入口として、私たちを構成する〈四つのエネルギー〉について理解していきましょう。

## 「感覚」「感情」「思考」「肉体」四つのエネルギーの特質

私たちは、「感覚」「感情」「思考」「肉体」四つのエネルギーで構成されています。それぞれの特質と、それらが流れる順番を理解していきましょう。

**〈感覚エネルギー〉**

宇宙からやってきた魂は、感覚エネルギーを司っています。

直感、気づき、ひらめき、などと表現されています。

この感覚エネルギーが、全ての行動の最初のスイッチを入れる役割を担います。

**〈感情エネルギー〉**

魂が受信した感覚エネルギーの情報は感情エネルギーに送られます。

感情エネルギーの役割は、その情報が自分にとって好きか嫌いかのベクトルを指し示す、それだけです。好きと嫌いに理由はなく、正解不正解もありません。

とてもシンプルです。

**〈思考エネルギー〉**

感情エネルギーが受け取った、好き、もしくは嫌い、の情報は、思考エネルギーに送られます。

好きと嫌いの感情に問いかけ、それを明確にし、その情報を形にするまで働くのが思考エネルギーの役割です。

**〈肉体エネルギー〉**

思考エネルギーの情報は肉体エネルギーへと送られます。肉体エネルギーの役割は、思考エネルギーの形を具現化すること。その為に、言葉を伝える、電話をかける、メールを送る、歩く、電車に乗る、階段を上る、ドアを開ける、用意された椅子に座る……。肉体を使って行動という具現化をします。

このように、魂が受け取った感覚エネルギーの情報を、感情→思考→肉体の順番に伝搬しながら、視えない感覚エネルギーを肉体エネルギーで視える化させます。

これが、四つのエネルギーが流れていく順番です。

# 今、私たちは本来のままにエネルギーを使えていない

手の平を広げてみてください。

そこには、エネルギーの取り扱い説明書が描かれています。

五本の指は感覚エネルギーを受信するアンテナだと思ってください。

それぞれの指は、発信元の太陽系の惑星に対応しています。木星、土星、金星、水星……などと繋がり、無意識に私たちは、その惑星が持つ意味を指で表現しています。

方向を示す人差し指、指切りげんまんの小指……といったように。


そのまま、指を手首側に下になぞると、最初にぶつかる手の平を横断している線が感情線です。そして、そのまま下になぞると次にぶつかる手の平を横断している線が頭脳線（思考）。

そのまま下になぞると、弓状に手の平に描かれている生命線（肉体）にぶつかります（これは、手相講座の内容になってしまうので、詳しくはこの本とはまた別の場所で）。


感覚エネルギーが受け取った情報は感情エネルギーに送られ、次に思考エネルギーに送られ、最後に肉体エネルギーに送られる。

手の平には、しっかりとエネルギーが流れる順番が描かれているのです。

生まれたての赤ちゃんの頃は、この順番通りに、滞（とどこお）りなくエネルギーを循環できていました。
好きや嫌いの感情も、快・不快の肉体の反応も瞬時に全心身で出しきれている状態です。

さて、今、私たちはこの通りに全心身を使って、エネルギーを循環させられているでしょうか？

発動した四つのエネルギーを、どんどん流し続けられたら、詰まりのない自分のまま軽やかでいられますが、今の状態は四つのエネルギーのどこかに滞りがあり、循環不良が起きて、詰まったまま固まって動かせない状態になっています。

それでは、魂が感覚エネルギーを受け取っても、カタチにできません。
いつから、感情のままに行動できなくなったのだろう？
いつから、自分の好き嫌いのベクトルが曖昧（あいまい）になってしまったのだろう？
いつから、好き・嫌いを形にする為ではなく、好き嫌いを我慢させる為に思考を使い始めたのだろう……？

魂のカタチを生きる為には、本来のエネルギーの使い方を思い出すことが必要です。

## 「魂のカタチ」を生きる為のエネルギーの使い方

「感覚」「感情」「思考」「肉体」四つのエネルギーは全て私たちの内側にあります。

**そしてこれらのエネルギーには、方向性があり、意識を向けたポイントに流れ、働きます。**

生まれたての赤ちゃんの頃は、意識が自分に向けられているので、全てのエネルギーは内側に向けて、自分の為に使われていました。

それは、今何を感じているか？　を常に把握して、全身でエネルギーを滞りなく循環し続けられている状態です。

その状態を「エネルギーを内側に向けて使う」と表現しています。

これが本来のエネルギーの使い方です。

それから成長してくる過程で、両親をはじめ、沢山の人に育まれ、教育され、いつしか、意識は常に外側に向けられていきます。

今の自分は、四つのエネルギーを外側にある対象に向けて使っていることに気づきます。

エネルギーを、〈内側・外側に向けて使う〉という言葉がこの本には沢山出てきます。

手放しをしていく中で、まずは四つのエネルギーそれぞれの働き方をしっかり理解することが重要です。

そして自分自身がエネルギーをどのように扱っているかを認識することで、本来の自分に戻る為に何を手放していくのか、気づくことができます。

ここからさらに、四つのエネルギーについて詳しく理解していきましょう。

読み進めていく中で、外側に意識を向けていたから気づかなかった、過去の自分が内側に抱えていたエネルギーが浮上してくるかもしれません。

それが、自分にとって重たいエネルギーだと感じたら、手放すものとなるので、付箋やノートなどに書き残しておくことをオススメします。

## 〈感覚エネルギー〉を内側に向ける、外側に向ける、とは？

四つのエネルギーの中で、最も高波動な「感覚エネルギー」。

「直感・ひらめき・気づき・インスピレーション・気」などと表現されているものです。日常的にも「このお店の雰囲気とても素敵」「昨日はあの子、元気がなかったな」「今日は行かない方が良い気がする」など、「気」を感じ取っていますよね。

それに対して「どうしてそう思うの？」と聞かれても、視えないし、理由もない、言葉にも表現しづらい、なんとなく感じるもの。

それが「感覚」です。

この感覚エネルギーは、四つのエネルギーの中で一番初めに発動するエネルギーです。

魂が司っています。

「魂のカタチを生きる」と「直感のまま生きる」は同義語です。

感覚エネルギーは、目に入ったもの、触れたもの、感じたものに対して、内側の魂が共鳴した時に発動します。

それは光の如く一瞬で繊細です。

意識を内側ではなく、外側に向けていると気づかないまま通り過ぎてしまいます。

生まれたばかりの頃、私たちはしっかりと自分の内側に存在し、常に意識は自分に向けられています。

感覚エネルギーの発動に敏感に反応し、それに従い行動していました。

しかし、成長の過程で、感覚エネルギーは抑圧されていきます。

説明ができないし、瞬間的なものだからです。結果を考えての行動とは真逆です。


「あの人、何か嫌だー」

「あのお家行きたくない」

「どうしてもあの場所に行きたい」

「今日は動きたくない」

そんな言葉を発して、説明を求められたり、咎(とが)められたりした経験はありませんか。


「そんなこと言わないの」

「やだ、気持ち悪い」

「変なこと言わないでよ」

「みんなに迷惑かかるよ」

「どうしてそう思うの？」


このような言葉を受け入れ始めると、次第に自信を失い、敏感に感じることを自ら拒否するようになります。

「気にしない気にしない！」といったように。

エネルギーには方向性があるとお伝えしましたが、感覚エネルギーを内側に向けることをやめると、徐々に、外側に向けて使われ始めます。

外側に向けて感覚エネルギーを使った場合は、

・空気を読む
・雰囲気を察する
・相手のご機嫌を感じとる
・今日の家族の顔色を窺う

となります。

意識を向けた外側の状況を認識し、その感覚エネルギーに影響を受けると、周囲の状況に従う、合わせる、という行動パターンになってきます。

**実際は、二極性を持つエネルギーは、外側に働くと同時に、対極である内側へも働いています。**

**ただ、意識が外側にあると、自分の内側で働いている感覚エネルギーが何を認識しているのか受け取れないまま、それは潜在意識に収まります。**

感覚エネルギーを外側に向けることが定着してしまっている例を二つ挙げてみます。

・一例目

ＳＮＳで繋がったグループと、初めてリアルで会うことになった。

待ち合わせの時間になり、会場に入る。

「うわ、高級そうな雰囲気。すでに盛り上がっている人たちがいる。みんな社交的で元気な人ばかりだな」

扉を開けた瞬間に、パッと外側の空気を読み始める。

高級な雰囲気に合わせて立ち居振る舞いをして、初めて会う人たちにも明るく馴染めるよう会話に笑顔でうなずく。

・二例目

職場で異動があり、新しい課に所属する。今までいた課とは、全く違う雰囲気で皆がピリピリしている。一人、常に大きな声を発している上司がいる。初日から皆の前で能力を試すような物言いをされ気になったが、マウントを取りたい人なんだなと察して、馬鹿なフリをした。

それ以降、静かにしていようと差し障りのない自分を演じ始めた。

このように、さっきまで全く違う気分だったはずなのに、扉を開けた瞬間にその場の空気に飲み込まれる。そのまま意識を外側に向け続けると感情も肉体もジワジワと同じ空気に染まっていく。

自分のものではないドラマの中に入っていき、悩んだり悲しくなったりイライラしたりし始める。

この「自分のものではない」という線引きを持たないと、意識は外側に引っ張られて、読み取った周りの状況に自分を同調させていきます。

自分と外側の境界線を認識したい時は、自分に意識を向け直すことが必要です。

「あれ？　私はドアを開けた瞬間、何を感じた？」

と、自分の内側に問いかけてみてください。

身体のあちこちや頭が軽くなったり、重くなったりして、その時の感覚が体感を通して浮上してきます。

その体感は「この高級感、テンション上がる！」「以前の賑やかな職場よりも、これくらい静かなほうがいいな」と軽かったのか、「ちょっと背伸びしすぎて疲れちゃうな」「この重苦しさ私には合わないな」と重かったのか、自分の中にはちゃんと反応があったことに気づきます。

自分に意識を向けると、自分の内側は自分のペースを整え始めます。

周りに合わせることは、エネルギーを浪費するので、疲れます。

その場を離れた後に疲れがドッと出たなんて時は、外側に意識を向けていたサインです。

前述したように、二極性を持つエネルギーは、外側と同時に内側にも働いています。

気づかないまま、通り過ぎていた感覚は、その場から意識が離れた時に、潜在意識から顕在化されます。

あるクライアントさんの例を挙げてみます。

大学卒業後、人生をかけた会社の面接を受けました。

「面接官はどんな人かな」「会場はどんな雰囲気かな」と緊張する中、見事、合格。

その後、十数年勤務した後、そこを離れることになりました。

退職を決意した後、そのクライアントさんは言いました。

「実は面接会場に一歩足を踏み入れた時から、何か違う、と感じていました」

それは十数年前、面接の為に会社を訪れ、面接官の振る舞いや表情を通して受け取った違和感についてでした。

当時は、緊張しながらも、「受かりたい！」という意識が強く、その気持ちを叶える為に、外側の世界の空気や相手の希望を読み取ることに集中していたのです。

自分の内側で発動していた違和感には気づかないままいたのに、十数年経ってその場から離れると決めた際に、「実は最初から……」「そういえば！」と、思い出されます。

面接時に受け取れなかった違和感は、しっかりと潜在意識に存在し、時間を経てそれを受け取ることができるタイミングで顕在化されるのです。

**感覚エネルギーは、正解不正解を選ぶのではなく、感じるままに未知を体験していく方向へと導こうとします。**

瞬間的ですが、1％でも違和感を感じたら、十数年の時間をかけてでも、次第にそれは無視できないほど自分の中に存在を拡げてきて、最終的に、感覚エネルギーが導いた方向へと修正されることになります。

魂のカタチを生きる為には、自分自身の為に感覚エネルギーを受け取ることができる状態を整えておくことが必然です。

外側に向けていた感覚エネルギーを内側に向けていく。

自分の中の違和感などに気づいたら、それは信頼できる直感だったと再認識して自分への信頼を取り戻す。

これを繰り返しながら、段々と自分の内側で発動していた感覚エネルギーに従っていた頃の自分を取り戻し始めるのです。

## 〈感情エネルギー〉を内側に向ける、外側に向ける、とは？

感情エネルギーのお仕事は、受け取った感覚エネルギーの質が、自分にとって「好きな世界」なのか「嫌いな世界」なのか、ベクトルを示すことです。自分の好きや嫌いに理由はありません。シンプルです。

自分にとって心地良い、心地悪い、嬉しい、悲しい……。喜怒哀楽をはじめ、感情には多数の種類がありますが、ここではそれらを大きく分類して、「好き」と「嫌い」の二極に分けて伝えていきます。

受け取った感覚エネルギーからの情報に対して、感情エネルギーは瞬時に反応します。

ワクワクする！　嬉しい！　軽やか！　だったら好きのベクトルを、
興味がない！　苦しい！　重たい！　だとしたら嫌いなベクトルを示します。

これらのベクトルは、自分の感情エネルギーを内側に向けていると受け取ることができます。そして、そのベクトルに従って、次の行動に向かいます。

赤ちゃんの頃は、好きと嫌いのベクトルを常に明確に示していました。そしてその好きと嫌いの情報にためらうことなく従い、全身を使って循環し続ける。嫌いなものを口から吐き出す。不快な時は泣ききる、といったように。

いつしか、この好きと嫌いのベクトルに従い行動した時に、「そんなこと言わないの」「我慢しなさい」「全部食べなさい」「学校に行きなさい」など、示した本音を抑圧される体験が始まります。周囲の拒絶を受け入れ、指示に従うと、喜んでくれたし、安心してくれたので、徐々に本音を抑圧させることに慣れていきます。同時に目の前の人に意識を向け、相手の感情を感じ取るようになります。

外側に向けて感情エネルギーを使っている状態とは……

・他人の感情を常に確認する
・相手の好きなことを優先する

・人を怒らせたり悲しませたりしない
・誰かを喜ばせる

……です。

「あっ、悲しませちゃったなぁ」「怒らせちゃったなぁ」「あー喜んでいるな」と、感情エネルギーを相手の為に使っている時、自分の感情は置いてきぼりになっています。

感情エネルギーも、意識を向けた先の感情を認識します。
外側に意識を向けていると、認識しているのは、相手の感情の状態です。
同時に自分の内側で動いている感情は、認識できないまま、潜在意識に貯蔵されます。

ちょっと立ち止まって、過去のドラマのあの時の自分に、問いかけてみましょう。

相手に「傷ついた」と言われた
↓
「その言葉を聞いて自分はどんな気持ち？」

泣いている知人を慰めていたら悲しくなってきた

←「実際の私に悲しい出来事が起きたの？」

突然、目の前の人に怒鳴（どな）られた

←「怒られた私はどう思ってる？」

自分の感情に意識を向け直し、問いかけてあげると、それが過去のことであっても、自分の中から本音が湧き上がってくる、ということに気づけると思います。

どのように問いかけるか？　について質問されることが多いので、手相観セッションでのエピソードを引用します。

三十代のクライアントBさんの手の平に刻まれた線が、
〈小学校低学年の頃、友人関係で深く傷を負っている〉
と語っていました。
「手の平に表れる線は潜在意識からの大切なメッセージなので、浮かんできた記憶をキャッチできたら、当時の自分と対話してあげてください」

と伝えると、Bさんはすぐに当時の記憶が蘇り、話し始めました。

小学生の頃、同級生に、ある言葉を発した。その際、「すごく傷ついた！」と泣かれた。悪気はなかったので、謝ったが赦してもらえずに、それ以来仲良しグループから外された。

こんなエピソードでした。

Bさんが伝えてくれたのは、状況把握だったので、そのまま当時の自分の感情に問いかける、という実践を一緒に進めてみました。

Bさん「傷ついたって言われて私はどうだった？」

当時のBさん「悪気なく伝えただけだったからびっくりした。怒った顔を見てすごく悲しかった」

Bさん「謝った時はどう思った？」

当時のBさん「私の話も聞いてほしかったけど、聞いてくれなくて悔しかった。謝るしかなかった」

その後、芋づる式に、忘れていた記憶がBさんに蘇りました。

当時のBさんは、二人の話を他の友達に言いふらされてショックを受けたこと、その話を聞いて同調した、仲良しだと思った友達に無視されたことが怖かったこと。その時期に様々な深い感情があったことを思い出しました。

当時のBさんは目の前の状況に衝撃を受けていましたが、自分の内側の反応は誰にも告白せずに抱え込んだまま、小学校生活を送っていました。

当時の感情はそのまま潜在意識に貯蔵された状態でしたが、気づいた今、自分に問いかけてあげると、鮮明に沢山の記憶が目を覚まし始めました。

自分の内側の感情と対話する例としてBさんのエピソードを挙げさせていただきました。

自分と繋がる、とはこういうことです。

このBさんの場合は、人とのコミュニケーションが魂のカタチを生きる際のテーマにもなっていました。

「私、人とコミュニケーションするの、苦手です」と生きていたBさんですが、実際は、人を傷つけてしまうことや孤立することを恐れていたのでした。

自分の内側に仕舞い込んでいたその感情をキャッチして、もう同じパターンの繰り返しはうんざり、と思えたら、その感情を手放していきます。

※手放し方は、《重たいエネルギーを手放すお掃除ワーク》152ページを参照

Bさんからは後日、抱えていた重たいエネルギーを手放したことで恐れがなくなった時から、不思議と共通の話題に関して深い部分で話せる人に出会い始めた、人とコミュニケーションをすることが大好きだった自分を思い出した、と報告がありました。


外側に向けていた感情エネルギーを内側に向けていく。

自分の中に、重たいエネルギー＝〈嫌いな世界〉を抱えていたことに気づいたら手放しをする。

これを繰り返しながら、段々と自分の好きと嫌いのベクトルが明確に反応していた頃の自分を取り戻し始めるのです。

## 〈思考エネルギー〉を内側に向ける、外側に向ける、とは？

感覚エネルギーが発動し、感情エネルギーが自分にとって好きか嫌いかのベクトルを示すと、その情報は思考エネルギーに送られます。

思考エネルギーは、受け取った感情を形にする為に考えます。

これが思考エネルギーの役割です。

何かを聞いて「あっ、それ楽しそう、ワクワク」と感じたら、それは自分にとって好きな世界。それが行きたいイベントだったなら、お金はいくら必要？　場所はどこ？　何を持っていけばいい？　と考える。

お誘いを受けて「どうしよう、なんだか気分が乗らないな」と感じたら、それは自分にとって嫌いな世界。それが参加したくない会合だったならば、差し障りなく断る為にどのような理由にする？　どんな言葉を使う？　と考える。

内側に意識を向けている時の思考エネルギーの働きは、とてもシンプルです。

「さて、どうやって好きと嫌いを形にしようか？」と、考えるのみです。

小学1年生の頃の自分に戻ってみましょう。

ある日、友達に、

「学校が終わったら、公園で遊ぼう」と誘われます。

「うわっ、楽しそう！」と思い、授業中も、そのことを考えてワクワク。学校が終わると、そのまま公園に行き、暗くなるまで遊ぶ。家に帰ると、お母さんがカンカンに怒っている。一度家に帰ってきて、どこに出かけるか伝えないまま遊んでいたからだ。「宿題を終わらせてから遊ぶこと、それが家のルール」と言われる。

そのルールを、「はい」と飲み込まないと、お母さんの怒りは収まらない。

1年生の自分は、それ以来、遊ぶ前にお母さんに怒られないか考えてから行動をする、ということが当たり前になる。

この例では、本来好きなことを形にする為に働いていた思考エネルギーが、注意や指導をされたことをきっかけに、好きなことをする際には、他者のルールから外れていないか？　と考えてから行動するようになったことが分かります。

自分の思考エネルギーを内側に向けて使うとは、感情をどのように形にするか？　という働きになりますが、思考エネルギーを外側に向けて使うとは、他者はどう思うか？　他者はなんと言うか？　を先に考え、自分の好きと嫌いが正解か不正解かジャッジする為に働きます。

このようなシチュエーション、ご自身の体験と共鳴する部分はありますか？

・自分が悪かったのだから、怒ってはいけない
・みんな大変な状況だから、自分も我慢するべきだ

これらは思考エネルギーを外側に向けて使っている状態です。

先に外側に意識を向けると自分のことは理解できなくなります。

自分を理解する、とは、自分に問いかけ、自分の感情のベクトルは何を示しているか把握できている状態です。

そこを認識する為に、セッションなどで私はこんなたとえ話をします。

旅行好きな方には、

――ねぇ、バリに行きたくない?

「行きたいです!」

将来アーティストを目指している方には、

――自分の作品が、沢山の方に見てもらえたら嬉しい?

「嬉しいです!」

食べることが大好きな方には、

――一日一組しか予約が取れない、とっておきのお店の予約が取れたけど、行く?

「行きたい!」

こんなやりとりです。

みな、「好き!」というベクトルをすぐに示してくれます。

ではその好き! を形にする為に、自分に向けて思考エネルギーを使いましょう。

まず「仕事はどうしよう?」と、障害にぶつかったとします。

それを突破する為にどんな方法があるか思考エネルギーを使います。

「仕事は休まないといけないね。どうやって上手く休もうか」

「お金はどうしよう?」

また障害にぶつかります。

「キャッシングしようかな? 親に借りようかな? タンスの中、探そうかな? 何か売ろうかな?」

こうやってお金を作ることを考える。

「交通手段はどうしよう?」

また障害が現れても、

「SNSで質問してみようかな? 自分でネットで探そうかな?」

このように、とにかく好き! が形になる為に必要な条件が整うまで、徹底して思考エネルギーを使っていきます。

そして「休みが取れた。交通手段も確保できた。必要なお金も作れた」と、好き！　が形になり実行できると分かると、具現化する為にその情報を肉体エネルギーに流します。

これが思考エネルギーを内側に向けて使っている状態です。

でも実際は、こんな言葉を言っていませんか？

「えっ、休めないよ」「いや、人にお金を借りちゃダメだって言われているから」「自分だけ楽しい思いするなんていけない」「自分には分不相応だよ」「周りが赦してくれないよ」

この時点で、自分の外側の世界がなんと言うか？　と思考エネルギーを外側に使い始めています。

自分の感情を形にするのではなく、過去の体験に従って、自分の周り、社会、世間から注意されない、嫌われない自分で在り続けようと、感情を制する為に思考エネルギーを使う。

これが思考エネルギーを外側に向けて使っている状態です。

また、思考エネルギーを内側に向けて使うとは、自分の状態を整えるということですが、外側に使っていると、悩みを持ち続けることになります。

例えば、
・どうしてメッセージの返信がこないのかな？　忙しいのかな？
・あの時、あの人はどうしてあんなことを言ったのかな？
このように考えることはありませんか？

具体的な例を挙げてみます。

ちょっとドキドキしながらある人にメッセージツールで連絡をした。既読が付いた。一日待っても、二日待っても返信が来ない。「なんで返信が来ないのだろう？」「私の文章が悪かったのかなぁ？」「相手が忙しいのかな？　仕事かな？」と、考え始めた。

これは、自分ではなく、相手の状況を読んでいます。
外側に向けて思考エネルギーを使っている状態ですね。
この時、本当の自分は何が好きで何が嫌いか分からないまま、相手の反応に振り回されモヤモヤと悩む状態が続きます。

同じ状況で、自分の内側に向けて思考エネルギーを使うとこうなります。

「この二日間、既読無視されていることについて、私はどう思う？」

思考エネルギーが自分の内側に問いかけると、

「遅すぎる！　多少何かしらのアクションできるでしょ！」

内側の自分が嫌いな世界を訴えてきます。

その嫌いにさらに問いかけてみます。

「どのくらいで返信がくれば遅くないの？　スタンプ一個でも返信くれたらいいの？」

すると、

「一日の終わりに区切りをつけたいから、夜までは気にせず待てる。スタンプではなく言葉で返事が欲しい」

問いかけると内側の自分は好きな世界をしっかりと答えてくれます。


この例では、他者とのメッセージのやり取りを通して、自分なりの好きな返信の速度、好きなコミュニケーションの形があるということを知りました。

相手の反応に、感情エネルギーが嫌いのベクトルを示したことで、自分の内側には、好きな世界があることを発見できた、ということです。


自分への問いかけをしないままでいると、答えの見つからない相手の反応に振り回され、モヤモヤする状態が続きます。モヤモヤから解放されるには、「どう思う？　この状況」と自分に問いかけ、何にモヤモヤしているか内側の自分の声を知り、自分の状態を整えることです。

「もう一回送ってみよう」となるかもしれないし、今後は自分の好きを明確にした上で他者と関わろう、と決めるかもしれません。


自分の思考エネルギーの使い方に気づくことはできたでしょうか？

外側に向けて使っている思考エネルギーは、本書では「固定観念」と表現しています。

手放しをしていく上で、この固定観念に気づき、外していくことが大切になります。

固定観念については、後ほどのChapter 05（85ページ）でしっかりとお話しします。

## 〈肉体エネルギー〉を内側に向ける、外側に向ける、とは？

思考エネルギーが好き・嫌いの世界を形にする為に働き、それが実現可能になったら、いよいよ肉体にエネルギーを送ります。

メールを打つ、電車に乗る、電話をかける……。

こうやって、最初に受け取った感覚エネルギーを形にする為に、四つのエネルギーは常に自分の内側に向けられ、感覚→感情→思考→そして肉体に伝えて、視えない感覚エネルギーを視える化させます。

これが魂のカタチを生きる為のエネルギーの使い方です。

ここまでお伝えしてきたように、赤ちゃんの頃の私たちは、全力で肉体を動かしエネルギーを出しきりながら生きてきました。泣ききる。怒りきる。笑いきる。エネルギーを出しきることはとにかく疲労します。出しきったら、疲れて眠り回復する、の循環です。

それがいつしか、

「もう泣き止みなさい」「そんなに怒らないの」「大声で笑うな」「調子に乗るな」「自慢するのはやめなさい」

などと周囲から、全力でエネルギーを出しきる状態に制限をかけられ、それを受け入れる。その制限に従ううちに、ある一定のところで我慢するようになり、エネルギーの出し方のパターンが定着していきます。

同時に、肉体エネルギーを外側に向けて使い始めるようになります。

肉体エネルギーを外側に向けて使うと、周りが焦っていたり、心配していたり、抑え込んでくる、などの状況下で、自分も相手に合わせて急ぐ、周りに迷惑をかけないように声を出さない、自分の能力を発揮しない、などと外側に合わせて肉体を使います。

自分の肉体は休みたいのか、動きたいのか、のんびりと進めていきたいのか、気づけないまま、相手の行動に合わせる、となっているとしたら、ちょっと立ち止まって自分の肉体に問いかけてみてください。

「自分って今、焦ってる?」「今日は疲れてないかな?」と。

「眠いよ」とか「自分のペースで歩きたい」と自分の肉体が何かを訴えていることに気づいたら、意識を自分の内側に向けてみてください。

実際の自分は呼吸が荒いこと、だるいこと、眠いこと、欲求不満が溜まっていること……、など、外側に意識を向けていたから気づけなかった肉体の緊張状態を感じはじめます。

生まれてから今まで、気づかないでいた肉体の状態も、過去の記憶が浮上した際に、当時の自分にしっかりと問いかけたら、蘇ってきます。

「結構無理してたな」「自分って、疲れやすいんだな」「呼吸が乱れていたな」と理解してあげると、肉体は緊張からリラックス状態に戻る為、デトックスをして調整を始めるので、立ち止まり休息を取る必要も出てきます。

これまで説明してきた、感覚、感情、思考の三つのエネルギーは目に視えませんが、肉体はそれらがどんなエネルギーなのかを表してくれる受け皿でもあります。

好きと嫌いの感情が、軽さや重さで感じられるのも、肉体がそのエネルギーを体感させてくれるからです。

嫌いと認識したものは肉体を重くさせ硬直させます。それを循環で体外に排出できなければ、いずれ肉体にその重さが溜まり、最終的には病気やケガなどで表れてきます。

これまで頑張ってきた自分のパターンを簡単に手放したくない、と、立ち止まらずに外側に意識を向けて肉体を使い続けてしまうことが多い現代の私たちですが、病気などの不調のおかげでやっと立ち止まることができ、自分と向き合えるということです。

肉体を通して感じるだるさ、痛みなどは、これまで無視して抱えてきた自分の中の重たいエネルギーです。

そのエネルギーの状態を肉体で体感し味わうことで、体験した、といえるのです。

**体験した時に、自分の意識を外側から内側に向け直すことができます。**

最終的に、私たちのこの肉体が、感覚・感情・思考のエネルギーを視える化させて表現してくれるわけですが、エネルギーの出し方が抑制されたまま定着している肉体は、詰まったパイプのような状態です。

しばらく使用していなかった水道管をイメージしてもらうと、分かりやすいです。

水道管が詰まっていると、蛇口を全開にしたとしても、最初にちょろちょろと水が流れ出るだけ。段々と通りが良くなってきますが、最終的に全開の水量を放出する為には、しっかりと水道管の詰まりをお掃除しないと、水道管も傷んでしまいます。

今の私たちの肉体は、エネルギーを全開で出しきろうと思っても、この詰まった水道管のようになっています。

大人になるにつれ、気づいたら、一定のパターンでエネルギーの放出に制限をかけてきてしまいましたが、手放しを繰り返しながら、徐々に自分の肉体を開放させていきましょう。

思うこと、考えていることを遠慮なく伝えること。

泣きたい時に涙を流し大声で泣くこと。

お腹がよじれるくらい思いっきり笑うこと。

ステージに立ってのびのびと好きなことを表現すること……。

本来のリラックスした自分らしい在り方を取り戻し始め、内側から湧き上がるエネルギーを惜しみなく出しきれる肉体に戻していく。

0歳の頃の私たちは、それができていたことを思い出してください。

# 「手放し」は、内側に意識を向けてエネルギーを使うことから始まる

感覚・感情・思考・肉体、四つのエネルギーについて、また、エネルギーを外側に向けて使う場合と、内側に向けて使う場合についてお伝えしました。今の自分はどんな使い方をしているでしょうか？

意識を外側に向けていた場合……。

あるドラマが目の前で起きた際、外側の状況に合わせて四つのエネルギーは使われ、結果的に外側の状況に影響を受けての行動となります。

自分の内側でも実際に四つのエネルギーは働いていますが、それには気づかないまま抱え込むことになります。

抱え込まれたエネルギーは、後に重さとなって感じられます。

その重たいエネルギーは「モヤモヤする」「イライラする」と、一つの塊のように表現されますが、それは内側で一連の流れとして動いていた、感覚、感情、思考、肉体エネルギーの塊ということです。

手放しは、「この重さをなんとかしたい！」と思った時に始まります。

まずは、

「この重さって何？」

と〈自分自身に問いかける〉ことが必要になります。

この重さは、一体、何を感じて、どうしたかったのか？　自分自身が認識できないと、それを手放すことができないからです。

これまで外側に向けていた意識を、しっかりと自分に向けて、四つのエネルギーが発する声を聞き取ってあげるのです。

しかし、実際に実践してみると、

「自分勝手ではないかな？」

「いつも他人に思いやりを持って、感謝しないといけないのではないかな？」

と、抵抗が出てきたり、

「あの人は私のことをどう思っているかな？」

「みんなは今、何をしているのかな？」

と、意識はすぐに外側へと引っ張られてしまいます。
自分の中に存在し続ける状態を維持するのは難しいことに気づきます。

外側に意識を向けてエネルギーを使っている状態とは、周囲や他者に対して物分かりが良く、思いやりや自制心がある自分を維持することとなります。そしてそれは、社会人として、大切なところだと思います。

ですが、「テハナシ」は、魂のカタチを生きることを決めた方に向けてお伝えしています。手放しを進めていく為には、しっかりと自分の中に存在し、四つのエネルギーを自分の内側に向けて使えないと進めない、ということを理解してください。

これまでの自分は外側ばかりに意識を向けていたけれど、気づいたところからエネルギーの使い方をひっくり返してみる。

内側だけでも、外側だけでもなく、両方体験する過程があるからこそ、本来の自分の状態に戻るとは、こういうことなんだ！　としっかりと認識していけます。
「全ての体験は無駄などなく、必然なこと」という言葉の意味が、手放して軽やかになった時に、腑に落ちていきます。

Chapter 04 ― 潜在意識と集合無意識

## 潜在意識について

多くの方は、「手放し」というと、外側の世界を変えることだと思われるかもしれませんが、本書でお伝えする「手放し」とは、自分自身と向き合い、内側の世界を変えるということです。

**外側の世界を変えるのではありません。**
**視える現実の世界は動かさなくていいのです。**
**内側の変化が、外側に映し出されるだけなのです。**

内側の世界とは、〈潜在意識〉をさしています。

その潜在意識の中に、前のChapter 03でお伝えした、抱え込んだままの重たい四つのエネルギーが眠っています。

それらを手放し、潜在意識の状態を変えることが、内側の世界を変えるということです。

潜在意識について、理解を深めていきましょう。

私は〈潜在意識〉について、クライアントさんとイメージを共有する為に、目の前に置かれたペットボトルをたとえに使って説明することがあります。その部分を引用して、お伝えしていきますね。

私は現在、五十二歳です。五十二年間の体験、経験の上に今、存在しています。

五十二年間の中で、私が普段から認識できていること、言葉で表現できることは、たったの5％です。

これを500㎖のペットボトルにたとえてみます。

ボトル全体像が100％だとして、キャップの部分が5％くらいです。

私の五十二年間の歴史の中で、今、自覚できていることはこのキャップの部分くらいしか無いということ。

この部分を顕在意識と言います。

例えば、

「今日食べた朝ご飯は？」と聞かれたら

「私は昨日の鍋の残りでうどんを食べました」

うん。これはすぐに答えられる。

「昨日の夕飯は何を食べた？」と聞かれたら、

「昨日の夜はお鍋でした」って。うん、これもすぐに答えられる。

だけど「三日前の朝ご飯は何だった？」と聞かれたら途端に
「んー？？？」となってしまう……。

その「んー？？？」となったことも実際は、リアルに体験をして今ここに至るのだけれど。


その三日前の体験は消えたわけではありません。

覚えていない、忘れてしまっただけのこと。

顕在意識の５％の中には入っていないということです。

では、どこに？


それは、潜在意識という領域に蓄えられています。

潜在意識には、私が生まれてから今日までの中で、すぐに言語化できずに忘れている、潜っている、五十二年間分の95％の体験が貯蔵されています。

これから進めていく「手放し」とは、この潜在意識を変えること。

潜在意識を変えると、なぜ外側の世界が変わっていくのでしょうか？

## 潜在意識が目の前のドラマを映し出すチャンネル主導権を握っている

潜在意識を変えると外側の世界が変わる。

その仕組みについて説明します。


私たちの目の前で毎日展開されるドラマ。

そこには誰かがいて、会話が生まれて、様々な状況が起きています。

目の前の現実世界がテレビのスクリーンだとしたら、そこにドラマを映し出すチャンネルの主導権を握っているのが、潜在意識です。


ちょっとここで、イメージを共有してみましょう。

潜在意識を水槽にたとえてみます。

まだなんの経験も体験もない、生まれたての赤ちゃんの潜在意識の状態は、透明な真水に満たされた水槽です。

0歳以降、目の前にドラマが起きます。水槽は真水の状態なので、目の前のドラマに投影される情報はなく、全ては初めて見たこと、聞いたこと、知ったこととして体験をしていきます。

例えば、お母さんが知らない食べ物ののったお皿を目の前に置く。興味を持って、口に入れる。「美味しい！　もっと頂戴」とお皿に手を伸ばす。

またある時は、お父さんが初めて見る色の飲み物をグラスで飲んでいる。手を伸ばして飲ませてもらう。「美味しくない！」と思い、瞬時に口から出す。

このように、潜在意識の水槽が透明な真水の状態であれば、目の前に映し出された未知な世界に、赤ちゃんは好きと嫌いのベクトルの通りに行動を起こします。

それ以降も、新しい体験が日々繰り広げられていく中で、四つのエネルギーは内側に向けて働き続け、入れたら出す、湧き上がったら出す、とエネルギーの循環は滞ることなく、水槽の中は真水の状態を維持します。

しかし、成長していく過程で、内側のエネルギーを外側に向けて放出した際に「我慢しなさい」「静かにしなさい」と怒られ、注意され、それに従うという体験が始まります。

それによって、体験の中で実際に湧き上がった違和感や霊感などの感覚、好き嫌いの感情、溢れんばかりの知識、肉体からの悲鳴……など、抑圧したエネルギーは循環させられずに水槽に抱え込まれ始めます。

その抑圧に慣れていくと、循環不良を起こした水槽は濁った状態となり、もはや濁っていることにも麻痺してしまい、自分の内側のエネルギーは、気づかないまま水槽に蓄積し続けられていきます。

**その水槽＝潜在意識が、自分の目の前の現実ドラマのチャンネル主導権を握っています。**

潜在意識は、蓄積し抱え込んだ情報と、今の自分が全く同じ状態になるように、ぴったりな人、環境、状況を引き寄せ、目の前のスクリーンにドラマを映しだす、ということです。

0歳以降、こんな状況では弱音を吐かずに歯を食いしばって頑張った、この人の前では泣き止むことに専念した、こんな場面では馬鹿な自分を演じた……、など、四つのエネルギーを抑えたパターンと同じところで抑圧されるドラマが現実で繰り返され、そしてこのパターンを超えた世界にはその抑圧を突破しないと行けません。

これが潜在意識の働きです。

今の状況をなんとかしたい！　新しい自分を生きたい！　ともがき、目の前の現実を変えてみても、また同じパターンで壁にぶつかる。

「なんでこんなことが起きたのだろう？　どうしてなのだろう？」と、外側に原因や解決方法を探してしまいますが、自分の内側の声を無視している限り、何度も同じドラマを体験させられます。

今、現れていることは、もうすでに過去の自分が土台を作り上げていた。いや、決めてきたことです。

**「今起きていることは過去」**

それに気づくと、「私はこれからどうやって生きていきたい？」と、自分に問いかけ、これまでの自分の在り方と向き合い、自分のパターンを手放して、これまでの自分を終わらせていく、という自分の内側と向き合っていく意味も、より腑に落ちていきます。

潜在意識の状態は、無理に探らなくても、日々の現実を生きているだけで分かります。目の前の現実は、潜在意識が映し出しているからです。

起こるドラマを通して、自分の内側で動くエネルギーをしっかりと認識し、味わい尽くすことで、そのドラマは体験したことになります。

エネルギーをしっかり味わい尽くしたら、それをこれからお伝えする《重たいエネルギーを手放すお掃除ワーク》（152ページ）で手放していく。

その作業は、潜在意識の状態を変えること、水槽の水を濁りのない真水に戻していくことになります。

# どうして潜在意識が目の前のドラマを映し出すの？

顕在意識5％と潜在意識95％が今日までの私の主成分100％とお話ししました。

そして、あなたにもあなたの今日までの意識層があります。

私とあなたは、この顕在意識と潜在意識を足した、100％自分の主成分の意識の上にそれぞれ存在しているということです。

私たち、それぞれ個人の意識下には、三層目の意識層があります。
一層目は顕在意識
二層目は潜在意識
三層目は全ての意識を繋いでいる、集合無意識です。
この世界は三層の意識で成り立っています。

この現実は三次元です。ひとりひとりが分離していて、時空の制限がある世界です。

そのひとりひとりは、顕在意識と潜在意識で成り立つ〈私〉という個人ですが、全ての個人意識は、集合無意識で繋がっています。

集合無意識は五次元です。全てが同一に繋がり、時空の制限がない世界です。

前世や来世、過去、未来、全ての意識が繋がっています。

私、あなた、あの人、この人……一見全員がバラバラに存在して見えるけれど、全員の意識は集合無意識で繋がっている。

偶然のように誰かと縁ができて、出会いが起きるのも、集合無意識で繋がっているからこその必然。集合無意識は、宇宙の図書館、神の領域、アカシックレコードといった言葉でも表現されています。

さて。

現在までの自分主成分100%が蓄積された個人意識が、最終的に全ての意識を繋げている集合無意識と繋がっていることで、気づかないうちに、個人の情報は自動的に集合無意識にアップロードされています。

常に自らが「潜在意識の情報と同じ状況を見つけてきてください」と集合無意識にオーダーを出している、というと分かりやすいでしょうか。

全ての意識を共有している集合無意識は、それぞれの個人意識がアップロードした情報と、ぴったり一致する情報をネットワークから集め始めます。

潜在意識の働きとして、「潜在意識が目の前のドラマのチャンネル主導権を握っている」とお伝えしましたが、チャンネルのオーダーは集合無意識に出している、ということです。
集合無意識は、時空を超えた宇宙のネットワークから、ピンポイントで潜在意識のオーダー通りの情報を繋ぎ、この三次元に具現化させます。
これがシンクロニシティ現象ですね。引き寄せとも表現されていますね。

潜在意識に抱えたままの様々なエネルギーは、自動的に集合無意識にオーダーされて、その通りの再現ドラマになる人や状況を繋ぎ合わせ、あるタイミングでポンッとその人の目の前に登場させます。

現実では、
・ある日、目の前の人と仲良くなって、恋に落ちて結婚。
・パッと目にした求人情報を通して、再就職。
そして、最終的に、潜在意識の情報通り、嫌な思いも嬉しいことも、ドラマを通して再現する。

集合無意識の仕事は完璧なのです。

お父さんみたいな旦那を選んだとか、お母さんみたいな上司がいつもいるとか、思い当たることはありますか？

それらは、潜在意識が自ら、集合無意識にオーダーを出して目の前に引き寄せました。

いわゆる、

〈引き寄せているのは自分です〉ということ。

〈この現実は全て自分の鏡〉と言われていることと同じです。

引き寄せや、イメージをする、など、いろいろな技法を聞いたことがある方もいると思います。

でも、それらの技法を実践する前に、潜在意識に抱えた、自分にとっての重たいエネルギーを手放していかないと、重たいエネルギーを含めた愛され方、褒められ方、お金の稼ぎ方を、ずっと引き寄せてしまうのです。

## 固定観念の仕組み

ここまでの流れで、手放しとは、外側ではなく、自分の内側＝潜在意識を変えること、というお話は理解できたでしょうか？

それでは、なぜ、私たちはその重たいエネルギーを手放せないでいたのでしょうか？

それは、「手放してはいけない」と思い込んでいたからです。

「手放してはいけない」と自分を抑制していたもの。
それが、固定観念です。

この固定観念を外していかないと、手放しは進めていけません。

固定観念と、その仕組みについて理解を深めましょう。

抱えていた重たいエネルギーの手放しを実践する為に、自分に向けて問いかけを始めると

「こんなこと思っていいのかな?」

「これは出してはいけないのではないか?」

と、自分の中の抵抗に出合い、立ち止まってしまいます。

問いかけることで自分の内側に向けられていた思考エネルギーは、この時点で外側に向けて使い始めています。

そして、外側に向けられた思考エネルギーは、

「そんなことを思うべきではない」

「こうでなければいけない」

と、お金の扱い方、人との関わり方、仕事に対する姿勢、恋愛や遊びに関して、常識を訴えてきては、それ以上自分の内側と向き合うことを否定します。

そして自分が外側の世界と一致しているか注意深く見張りをします。

自分の感情を知ろうと向き合った時、それを形にしようとした際に出てくる抵抗、それが固定観念です。

さて。

自分の中で当たり前で常識だと思っていたその思考は、本当に自分のものでしょうか？

自分のものだと思っているその思考に、

「0歳の時にはそう考えていた？」

と問いかけてみてください。

「0歳の私は、欲しいものをおねだりする時に、人様に迷惑をかけてはいけない、お金は自分で稼ぐもの、弱音を吐いてはダメだ……。やっぱりお願いするのは止めよう、って立ち止まっていた？」と。

「そんなこと考えてない！」と答えが返ってくると思います。

一体いつからこれらの思考が自分のものになったのでしょうか？

振り返ると、成長の過程で、自分の周りの指導・教育・常識・ルール……、それらが自分の行動を抑制、抑圧してきました。
・こんなことをしたら、将来大変になるからやめなさい。

・下手なんだから、人前でやったら笑われるよ。
・みんなに合わせないと、迷惑をかけるよ。
・お前には無理だよ。
・そんなに甘くないよ。

これらの言葉を「はい。分かりました」と受け入れ、その考えに従った時、その思考は自分の中に入り込み、いつの間にか自分のものになります。
周囲から何を言われても、その時に自分がその言葉を受け取っていなければ、自分の中にはその思考がありません。

この「自分の中」、というのが潜在意識です。

**潜在意識の中に他者の思考が抱え込まれると、その情報が自分から表現される時、主語を〈私〉にすり替えて現れます。**

これが固定観念の仕組みです。
自分のものだと思い込んでいた常識は、他者の思考だったということです。

固定観念は、罪悪感・自己否定・自虐・自分のせい・反省・後悔といったものがあります。

主語を〈私〉として、このように今日までの自分を形成してきました。

・私が悪かったのだから、我慢しないといけない。
・私の絵なんて素人レベルで下手くそです。人に見せられません。
・まだ始めたばっかりなので、せめて三年勉強してから仕事にしないと。
・始めたことは最後までやりきらないとダメだよな。

無意識に言っているこれらの言葉は、０歳以降、誰かに言われた他者の考え方です。

・お前も悪かったのだから、我慢しないといけない。
・そんな素人レベルで人前に出たら恥をかくぞ。
・お金にするなら、せめて三年は修行すべき。
・飽きっぽいね。一度言ったことは最後までやり抜くべき。

固定観念の仕組みが分かると、次々と思い出し始めると思います。
最初はあの時、あの人が「お前にはまだ無理だよ」「お前下手だなぁ」とあなたに言って、
それをいじけながらも受け入れ、諦めて従ったということを。

この仕組みに気づくことが、固定観念を外す為の大切なポイントになります。

手放しの過程では、いくつもの固定観念に出合います。

固定観念は無理に探らなくても、自分に意識を向け始め、重たいエネルギーが浮上してくる際に、現れてきます。

「こんな風に思ってはいけない」「私だって悪かったのだから」と、固定観念の抵抗を感じたら、それを外していくだけです。

固定観念を外さないと、手放しは進めていけません。

「全部自分のものじゃない！」と気づいて愕然とするかもしれません。

全て他人の思考で生きていた！　と心底驚いて、自己崩壊が起きるかもしれません。

でも、それでいいのです。

手放してテハナシに向かうとは、何にも染まっていない自分に戻る、ということです。

# PART 2

# 手放しからテハナシへ

Chapter 06 ― 手放しのはじまり

## いよいよ「手放し」の実践に進んでいきましょう

魂のカタチを生きる、ということは、自分の中の魂を中心軸に生きるということ。

それを決意した時から、今の自分が中心としている場所から一歩踏み出し、魂を自分の中心軸に取り戻すまでの、手放しが始まります。


それは、外側に向けていた意識をひっくり返して、内側に向けていくこと。

たとえるなら、今いる場所から踵(きびす)を返し、自分の内側に向かって、一段ずつ階段を下りていくような感覚です。

階段を下りきった一番奥深いところに、自分の魂が存在しています。


ここからは、魂のいる場所に辿り着くまでの道程を、地下へと下りる階段をイメージしながら説明していきます。

階段を下りていく途中で、忘れていた自分に沢山出会います。

過去の自分は何かを抱えたままそこに立ち止まっているので、「どうしたの？」と問いかけ、伝えてくることに耳を傾けてください。

抱えていたエネルギーを認識し味わい、《重たいエネルギーを手放すお掃除ワーク》（152ページ）をすると、それは体験したこととして昇華され、過去の自分は今の自分に一体化され、潜在意識に蓄積されていたそのエネルギーは消滅します。


忘れていた自分に出会い、いくつもの自分と一体化しながら階段を下り進んでいくと、扉が行く手を遮（さえぎ）ります。

それは、過去の自分が、自分に意識を向けることをやめようと、決意した時に鍵をかけて閉めてしまった扉です。

自分の声を無視してきた数だけ、扉は現れます。


その先に進む為には、扉の鍵を開ける必要があります。

その鍵は、自分の中の固定観念を外す、ことです。

鍵を開けて扉を開く時の抵抗は、固定観念を外す抵抗です。自分を諦めて、自分を無視した時の苦しさやしんどさに比例しています。

「私は間違ってない！」

「私に限ってそんなはずはない！」

「一体今までなんだったの？」

「こんなことをしてはいけない！」

固定観念は強烈な言葉で抵抗します。


この抵抗を突破して、扉を開けられた時、自分だと思っていたこれまでのパターンは幻想となって消えていきます。


扉を開けた先には、いくつもの知らなかった自分が待っています。

その自分を受け入れながら、本当の自分を取り戻していきます。


手放しは、一歩ずつ進めていく作業です。

下りていく階段の長さは、人それぞれ違います。

魂を中心軸としていた本来の自分からズレて、外側の世界に意識を向けて上がってきた階段の数だけ下りていくことになります。

魂という中心軸に辿り着くまでの道程で、何をテーマに手放していくかを、本書では五段階に分けています。

段階が進むごとに、魂が存在する場所に近づきますが、手放す時の抵抗の圧は強くなります。

意識を向けていた世界が、現実の三次元から、魂のいる五次元に近づくことで感じる、意識の次元が上昇する際の抵抗です。

意識の次元が上昇するとは、軽やかな意識に上昇する為に重たい意識を取り外して変容していくことであり、それはまるで宇宙飛行士が大気圏を突破する際にかかるG（重力加速度）に耐えるかのような、かなりの抵抗と表現できます。

長い道程になりますが、階段を一段下がる度に、重たいエネルギーは手放され、意識は軽やかになっていることが、実践した方には確実に感じられるので、じっくり進めていきましょう。

ご自身が今いる場所の道標になりましたら幸いです。

# Chapter 07 自分に意識を向けて問いかける

いい人でいる為に、
自分を感じないようにしていたこれまでの自分を手放す。

## 手放しの第一段階

今日はなんだかモヤモヤしている。
そのモヤモヤを見ないフリしてきたけれど、身体も重く、やる気もなくなってきた。
いよいよなんとかしないとしんどい。
「一体このモヤモヤは何？」と立ち止まり始めます。

ここからが手放しの始まりです。
自らが「なんとかしたい！」と自発的にならないと、手放しはできません。
第一段階では、そのモヤモヤを誤魔化(ごまか)してきた今までの自分を手放します。

このモヤモヤは、これまで意識を外側に向けて使っていたことで気づかなかった、自分の内側に湧き上がっていた潜在意識に抱え込まれた四つのエネルギーです。

一つの塊の重たいエネルギーとしてモヤモヤする、イライラする、とスッキリしない体感となります。

四つのエネルギーを抱え込んだ時の例を挙げてみます。

・なんか気になっているのだけど、気のせいかな？（感覚を抑え込む）
・嫌だけどここは我慢しておこう（感情を抑え込む）
・自分の頭の中は言わずに馬鹿なフリをしよう（思考を抑え込む）
・みんな忙しくテキパキ動いているから合わせなければ（肉体を抑え込む）

このように四つのエネルギーにはそれぞれの働きがあります。

曖昧になっていた四つのエネルギーをしっかり認識することが、これから先に続いていく手放しをスムーズに促します。

まず、四つのエネルギーを認識して、自分の内側に意識を向けてみてください。

何のエネルギーに問いかけているのか？　明確にすると、問いかけられたエネルギーは反応します。

四つのエネルギーは、それぞれ反応する場所が違い、人によっても違います。

私の場合、四つのエネルギーに問いかけて反応する場所は、
・感覚の時は、松果体と身体を取り巻く空間。
・感情の時は、ハート。
・思考の時は、脳内。
・肉体の時は、全身。
となります。
あなたはどこで反応を感じますか？
反応した場所を感じ取ることができたら、その場所と対話をしていきます。
例を参考にしながら、その四つのエネルギーそれぞれの反応を体感してみてください。

——会社で上司との打合せが終わった。なんだか、モヤモヤが残る。
この状況に対して、四つのエネルギーを認識しながら、自分に問いかけてみましょう。

抱え込まれた四つのエネルギーはしっかりと答えてくれます。

まずは、そのモヤモヤする体感に向けて、

――何が気になるの？（感覚エネルギーに問いかける）

「あの時のあの人の目線に違和感があった」

――その目線はどうして嫌なの？（感情エネルギーに問いかける）

「人を見下すような態度は嫌い」

――本当は何を伝えたいの？（思考エネルギーに問いかける）

「あなたが言っていることは一方的なので、その状況に対して、双方の言い分を聞いた方がいいと思います、と言いたかった」

――身体はどんなしんどさなの？（肉体エネルギーに問いかける）

「言いたいことを実際に言うことは怖いし、喉が苦しい。でも自分を誤魔化して知らないフリをしているのはしんどい。伝えたい」

これらが、潜在意識に抱え込まれていた四つのエネルギーとの対話です。

〈自分に問いかける、自分と向き合う〉という状態です。

一つのドラマに対して、常に四つのエネルギーはこの順番に働き続けています。

自分の内側に意識を向けていないと、気づかないまま、これら四つのエネルギーの声は潜在意識に抱え込まれます。

今、気づいていない、5%の顕在意識になかったことでも、自分に問いかけることで、潜在意識はその問いかけの答えを95%の領域から探し出し、共鳴した情報を顕在化してくる、という状態を体験してください。

第一段階では、日常の中で、何かモヤモヤを感じた際に、自分に問いかけ、この四つのエネルギーの声を聞いてあげられる自分を常に意識づけていきます。

この問いかけがスムーズにできるようになると、モヤモヤの原因が理解でき、自分の内側が整えられます。その後はスッキリした体感となります。

この過程を今日、もしくは最近感じたモヤモヤに当てはめて、自分に問いかけてみてください。

・仕事場で引っかかっていること
・パートナーとの間で感じたモヤモヤ
・同性の友人との会食で感じたイライラ
・SNSを見て気になったこと……など。

実際に自分自身に起きた状況を思い出し、自分と向き合おうとすると、抵抗が現れてきます。

例えば……


――同性の友人Cさんとの会食後。

家に帰ってきたら、何か重たいものを感じていることに気づいた。

その重さに問いかけていくと、今日の会食でのCさんの物言いや態度に対して、イラッとしていることに気づく。実はこれまでも違和感があったけれど我慢をしてきた。確かに、Cさんと別れた後は、ドッと疲れを感じていたな……。

自分の内側が訴え始めた。そこに向き合ってみよう。

そう思うと同時に、

「でも、ずっと仲良くしてきたし、困った時は相談に乗ってくれた。立派な会社に勤めていて、いろいろ忙しい人なんだから……」

と、思考エネルギーは内側から外側へと向き、Cさんへの理解や感謝をし始める。

その先に進むことを阻む扉が出てくるのです。

その扉には、
「いい人でいなければいけない！」
と書かれています。

いい人、という基準は人それぞれです。
例を挙げてみます。
・人を嫌ってはいけない。
・自分の気持ちを優先することは良くない。
・感謝や理解を周囲に感じないといけない。
これらの言葉が、自分と向き合う際に抵抗として感じられたら、それは固定観念です。

扉を開ける鍵は、固定観念を外すこと。
この固定観念を外していきましょう。

これらの言葉をいつかの誰かに言われたことはありませんか？

・人を悪く言ってはいけない。
・自分のことばかり考えるなんて、自分勝手だね。
・周りのことを理解しなさい。
・感謝を忘れてはいけない。

自分のものだと思っている固定観念は、最初は誰かが自分に言ってきた言葉。
受け入れた当時の自分は、その人の考えを受け入れ従わないと、その先に進めなかっただけです。

この言葉を誰から言われたか？　思い出せたら、その人を認識してください。
《固定観念を外すワーク》（１０６ページ）に従って、固定観念を外していきます。

自分と向き合う度に、それに抵抗する扉は現れますが、扉を開けないと、その先に進めません。
《固定観念を外すワーク》は続けるほどにスムーズになります。

固定観念を外したら、改めてその重たいエネルギーに問いかけ、対話する。

「どうしてモヤモヤしてるの？」
「何にイライラしてるの？」

自分への問いかけに慣れていくと、次第に、四つのエネルギーはその理由をすぐに教えてくれるようになります。

固定観念がなくなるほどに、自分の内側が自分の嫌いを伝えてきても、自分がどうしたかったのかを言ってきても、それを否定せずに耳を傾ける自分へと変化していきます。

ただただ、自分の本当の声を知ってあげるだけです。

何か違和感があったら、そのつど内側に問いかけ、自分の声に耳を傾けてください。

固定観念の扉が向き合うことを拒否してきたら、〈固定観念を外すワーク〉です。

自分の内側と対話をするようになると、自分の内側の反応に敏感になり、外側に意識を向けていても、一旦立ち止まって自分の内側に意識を向け直すようになってきます。

例えば……

・これまでは、自分が何をどうしたいのか？　感じてあげられなかったけど、自分のことを分かりたい、と思うようになった。

・モヤモヤしている状態を何日も引きずっていたけれど、そのモヤモヤに問いかけることで、スッキリするのが早くなった。

・外側ばかり気にしていた自分が、自分を大切にしていく、という意味を分かり始めた。

今日は昨日よりも少し生きやすくなっている。

これまでの自分のパターンを手放し、あの頃の自分を取り戻していきます。

「**いい人でいる為に、自分を感じないようにしていたこれまでの自分を手放す**」

これが、第一段階の手放しです。

Work

# 固定観念を外すワーク

**❶自分の固定観念に気づいたら、それは最初に誰に言われたか？　自分に問いかけ、その相手を認識する**

相手が分かったら、顔や名前を明確にしてください。顔を覚えていない、名前が分からない、という場合は、シルエットでも大丈夫です。

**❷その相手になんと言われたか？　当時の言葉を思い出す**

外したいと思っているその固定観念は、主語が「私」になっています。実際はその相手の考えです。

例えば固定観念が「私はこんな言葉を使ってはいけない」だとしたら、実際は、相手に「そんな言葉を使ってはいけない」と言われたということです。

当時言われた言葉を明確にしてください。

**❸イメージの世界で、自分の前にその相手を呼び出す**

イメージの世界で、その相手を自分の目の前に呼び出します。しっかり自分と相手が向き合った状態です。顔がはっきりしない場合はシルエットでも大丈夫ですが、その相手が目の前にいる、と認識してください。

**❹「私は、〇〇さんに、この固定観念を返します」と自分自身に向けて宣言する**

目の前の相手に、「この固定観念を返します」と伝えることを、自分に向けて宣言します。

相手に伝える、と自分が認識すると、自分の中の七つあるチャクラの内の第五チャクラ（喉）というコミュニケーションを司るチャクラが、開く感覚が分かると思います。コミュニケーション（相互間の対話）は、第五チャクラからしか外に出ていくことはできません。

**❺「この△△という考えは、私のものではありません。〇〇さんのものです。〇〇さんに返します」と、目の前の相手に伝える**

目の前の相手にしっかりと意識を向けて、「この△△という考えは、私のものではありません。〇〇さんのものです。〇〇さんに返します」と伝えてください。抱えていた固定観念は、第五チャクラを通って、意識した方向に返っていきます。

伝える際は、しっかりと相手の目を見てください。

### ❻伝えた固定観念を、袋や箱に閉じ込めて、集合無意識まで送り返したら完了

「固定観念を返します」と相手に伝えたら、その固定観念をイメージで黒い煙や白い光などに変えて、袋や箱に閉じ込めます。どんなイメージにするかは感じるまま、自由です。その袋や箱を、相手も繋がっている集合無意識まで送り返します。

「これを○○さんの集合無意識に送り返します」

と、閉じ込めた固定観念を送り返す方向として、しっかり「○○さんの集合無意識に」と示し、集合無意識までイメージで送り届けます。

これで固定観念を外すワークは完了です。

全て、イメージの中だけで大丈夫です。
イメージワークで大切なことは、自分自身でしっかりと、「何を、どこへ、どうする」と認識することです。意識したところまで、イメージは届きます。

**【大事なPOINT】**

• 初めてワークをする方は、イメージで伝えることを難しく感じるかもしれません。最初はこれでいいのかな？　と思っていても、続けていくと、イメージすることに慣れていきます。はっきりと相手を感じられない場合でも、自分は誰に向けて伝えているのか認

識できれば大丈夫なので、ご自身のできる範囲で進めてください。

- イメージで相手に伝えることで、自分の思考だと思い込んでいた固定観念を潜在意識から手放すことになります。しっかりと伝えてください。
- 集合無意識まで送り返して固定観念を外すワークは完了です。
- 集合無意識のイメージは、ご自身が自由に思い描いてください。黒い雲のような空間や光の空間、また、上空でも足元でも大丈夫です。「集合無意識に送り返します」と場所を認識できればそれだけでも大丈夫です。
- ❶～❻まで、ひとつひとつ丁寧に進めていってください。大切な過程なので、ひとつでも抜けると、ワークは不完全です。
- 固定観念を外すワークをしている時、四つのエネルギーは自分にしっかり向いている状態です。意識が外に向かい始めると、ワークは止まってしまいます。
- 目の前の相手に伝える時は、お互いが向き合い、目を見てコミュニケーション（伝えている）している状態をイメージしてください。相手に自分の意思をしっかりと伝える、ということをイメージで繰り返していくことが自分の意識に定着していくと、実際の現実の自分に変化が起きてきます。
- 固定観念を外すワークをしてもその固定観念が外れていない、と感じたら、繰り返しワークを実践してください。固定観念の外しやすさは、自分に定着していた年月や深さに比例しています。

## 固定観念がなくなるとどうなるか？

手放しを進めていくほどに現れる固定観念ですが、固定観念が外れていくと、思考エネルギーは、好きな世界を形にする為に自由に働き始めます。

自由な思考とは、限定された枠がなく、

「これがダメなら、こうしてみよう」

「それでもダメなら、他にどんな道があるかな？」

「分からないから誰かに助けてもらおう！」というように、やりたいことを具現化する為に、柔軟に思考を働かせている状態です。


誰の思考にも染まっていない頃の私たちは、まだ宇宙的意識＝立体意識です。

「どうしてだろう」「なんでだろう」と今この瞬間を生きる為に思考します。

結果を先に考え行動するのではなく、自分の興味に従って行動し、未知なる体験の先に結果がある、という認識になります。


すでに、様々なものに染まっている私たちの状態は、地球的意識＝平面意識です。

思考は「こうでなきゃいけない」「こうあるべき」と枠を持ち、正解・不正解、成功・失敗といった二極の世界を認識します。

もしも目の前に、東京タワーの平面図と、立体模型があるとしたら、それぞれの認識の仕方は違ってきますよね。平面図は一方向から眺め、頭で理解しようとしますが、立体模型だったら、上下左右に動かしながら様々な角度から見え方の変化を体験すると思います。

生まれた頃の私たちは、思考優位ではなく、全身で目の前のモノを認識していた立体意識でした。それを思い出していくだけです。

固定観念を外すことで、思考は自由で柔軟になり、立体意識に戻るのです。

この先、手放しを進めていくほどに、固定観念は外れていきます。

その分だけ、自分の中に好奇心が湧き上がってきます。

柔軟な思考を取り戻していきましょう。

## 第一段階で寄せられる質問

Q すでに、自分の一部だと思っているので、固定観念を把握するのが難しいです。気づくポイントはありますか？

A 固定観念は思考エネルギーを外側に向けているので、日常では、自分のことよりも先に他者を気遣い、ご機嫌を窺う行動パターンとなっています。もしその状態に気づいたら、自分は行動を起こす際に頭の中でなんと言っているか？　感じてみてください。

「こうあるべき」「こうでなきゃいけない」と言っていたら、それは固定観念です。

日常の中で支障がない場合は気にならないと思いますが、手放しを進めていくと、この固定観念を外す時が来ます。

固定観念の特徴として……

・何か行動を起こそうと思った時に、自分を抑制してしまう。
・他者と交わった際に、「こうあるべき」「こうすべき」と、周りに自分の考えを押し付けたくなる。
・自分が我慢したり頑張っていることに対して、目の前の人が無頓着だったり、自由な振る舞いをしているとイラッとしたり落ち込む、など、内側に反応がある。
・活動していない時や休んでいる時に、何もしていない、と反省する。

これはほんの一例ですが、思い当たることがあったら、自分に「これは誰の考え？」と問いかけてみてください。

自分に最初に伝えてきた相手が分かったら、固定観念を外すワークを実践してみてください。

固定観念は本来のままの自分自身を赦すことができません。

それは結果的に、現実の世界において、自己不信や他者との対立として現れます。

**Q 他者と関わることが苦手で避けているので、基本的に相手に対して何かを感じることってないのですが……。**

A 他者との関わりが苦手な理由の一つは、自分より先に相手へ意識が向いてしまうからだと思います。「なぜあの人はこんなことを言うのだろう」「なんで分かってくれないのかな」など。

答えが見つからないまま、これ以上考えることをやめて、「人のことは気にしない！」と言い聞かせ、何も感じないようになった、という人は多いです。

ただ、それは「気にならない」という状態ではないので、他者との関わりを避けるようになります。

手放しを進めていくと、本当の「気にならない」自分へと変化していきますが、まずは、自分は何が気になってしまうのか？　を把握することが必要です。

また、他者と関わることで疲れる人は、常に相手の状態を窺う為に思考を使っているからだと思います。意識的に、思考エネルギーを外側から内側へと向けてみてください。

例えば……

目の前の相手の言動や行動を通して、自分が嫌な気持ちになった時、相手に向けて思考は問いかけをします。

——なんであの人はそんなことを言うのだろう……。

そして、悲しみや怒りが湧きます。この感情が溜まるとしんどいので、今まではここで、感じることも考えることもやめています。

これからは、ここで思考エネルギーの方向を内側へとひっくり返して、自分に問いかけてください。

——あの人にこう言われて、自分はどう思った？

「なんで分かってくれないのだろう、と思った」

——あの人が分かってくれないことで、自分は何を感じた？

「自分のことばっかり考えてる。私を気にかけてほしい」

このように、外側に問いかけても答えは見つかりませんでしたが、自分の内側には答えがあります。ただ、思考を使うことは疲れます。どうせ使うなら、他人より自分の為に思考を使って疲れましょう。答えが見つかったら、スッキリします。

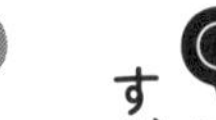

**固定観念だということは分かりますが、それらは基本的に人として大切なものだと思うのですが。**

その通りだと思います。

・人を悪く言わない。
・自分のことだけでなく周囲とのバランスを図る。
・他者の気持ちを理解する。
・感謝を忘れない。

これらは、調和をもって生きていく上で、大切なことです。

これらの意識が、自分の中から自然と湧き上がってくる状態であれば、他者と関わっても、グループ活動をしても、全く苦にはなりません。

これらを頭で捉え、固定観念で行動をしている場合は、次のようなねじれた表現になります。

・人を悪く言うべきではない。
・自分のことばかり考えるのは良くない。自分勝手だ。
・周りのことを理解すべき。
・感謝をすべき。

といったように。

これは自分を律する為の外圧となっています。

結果的に、余分な気遣いにエネルギーを使い、疲弊します。


これら固定観念がある場合は、それによって我慢して抑え込んだ重たいエネルギーが潜在意識に抱え込まれています。この先手放しを進めていく上で、重たいエネルギーが浮上した際に、固定観念を持ったままだと、現れた重たいエネルギーを自ら拒絶し、潜在意識に押し返します。

それでは手放しが進められません。

まずは、固定観念を認識したら、それを外してください。


手放しを進めていくと、これらの言葉が、表面的な理解ではなく、自分の中から湧き上がってくる状態に変化していきます。

努力しなくても、調和的な全体意識が身についている状態です。

その為に、まずはこれまでの自分を手放すのです。


それが本物の調和の世界を創ります。

# Chapter 08 自分の「好き」と「嫌い」を明確にする

自分の内側から出てくる全ては私そのもの。好きと嫌いを曖昧にしてきた自分を手放す。

## 手放しの第二段階

第一段階の手放し「いい人でいる為に、自分を感じないようにしていたこれまでの自分を手放す」が定着してくると、自分の内側に意識を向ける時間が増えてきます。

これまでは「怒りとか不満が自分には全くない」と認識していたのに、自分と向き合い始めると、怒りや悔しさなどが沢山あったことに気づいて驚きます。

日常の中で、怒りっぽくなった、悲しいと思うことが多くなったと感じるのもこの頃です。

これまで向き合ってこなかった自分の内側の状態に気づきやすくなっているだけです。

同時に、今、モヤモヤ、イライラしていることと同じ体験が、過去にもあったことに気づき始めます。

「これと似たようなこと、前にもあったな……。それは、いつだったのだろう?」

自分の内側の階段を下りていくように、意識を内側に向けると、忘れていた憎しみや、悲しみや怒りを抱えている自分に出会います。

その自分に問いかけます。

「これはいつの私? 何があったの?」

過去の自分は、当時どんなエネルギーを抱えていたのか、しっかりと答えてくれます。

忘れたと思っていた昔の恋人への悲しみ、憧れていた師への不信感、中学生の頃のグループ内でのいざこざ……などなど。

そして、今起きているドラマは、当時の状況や相手を目の前の人に投影して、同じパターンを繰り返していることに気づき、愕然とします。

Chapter 04〈潜在意識と集合無意識〉でお伝えした「この世界が三層の意識で成り立っている」仕組みについて理解した方は、実際にその完璧さを体感します。

この繰り返すドラマを終わりにするには、潜在意識を変えていくこと。

**当時の自分に問いかけて、抱えている重たいエネルギーは何かを知ることです。**

**その重さは、自分にとっての「嫌い」だったことです。**

それ以上進もうとすると、罪悪感や自己否定感などの抵抗が出てきます。

「何が嫌だったの？」
当時の自分は、未だに納得がいっていないことを愚痴(ぐち)り、文句や不満を訴え始めます。
今の自分はそれを上手に処理したつもりでいたのに、意識を向けてみると、まだ未練や執着を持っているなんて……。

・あの人にもいいところがあるのだから、嫌いだなんて感じてはダメだよな。
・いつまでも気にしてはいけない。
・前向きに生きてきたのに、過去の自分の声を聞くなんて未練がましい。
・感情に振り回されないよう、大人になろうと努力してきたのに、自分の嫌だったことを感じるなんて、子供じみてないかな？

その先に進むことを阻む扉が出てきます。

「過去を振り返ってはいけない！　嫌いなことは我慢するしかなかったのだから！」
扉にはそう書かれています。

自分の感情を知ろうとすることに抵抗が出てきたら、それは固定観念です。
扉を開ける鍵は、固定観念を外すこと。
この固定観念を外していきましょう。

これらの言葉をいつかの誰かに言われたことはありませんか？
・そんなこと言わないの。あの人もいいところあるじゃない。
・執着は捨てなさい。
・いつまでも未練がましく過ぎたことにこだわるな。
・面倒くさい人だね。

自分のものだと思っていた固定観念は、最初は誰かが自分に言ってきた言葉。
受け入れる度に、嫌いを飲み込み、我慢強くなった。
同時に、好きを諦めやすくなり、自分の中の真実が分からなくなったのです。

これらの言葉を誰から言われたか？　思い出せたら、その人を認識して、固定観念を外すワークをしてください。
抵抗する扉を開けて、その先に進んでいきましょう。

扉を開けられたら、しっかり、自分の訴えを聞いてください。

その自分は、自分の嫌いを飲み込めず、曖昧にすることを良しとしていません。

何が納得いっていないのか、何が不満なのか？　自分にとっての嫌いなことを否定することなく聞きましょう。かつての自分は、安心して、本当の好きや嫌いを伝えてくれます。


これまではそれらを曖昧にしてきました。

**好きと嫌いは魂の道標。**

それが曖昧になっているから自分がどうしたいのか分からないのです。

好きと嫌いを明確にすると、

「どうすればいいの？」と、外側に正解を求めていた自分が、「どうしたいのか？」と内側に聞けるようになってきます。

これまでの物分かりのよい自分を手放していきます。

かつての自分が教えてくれる、内側にあった真実を知り、より自分への理解を深めていきましょう。


**「自分の内側から出てくる全ては私そのもの。好きと嫌いを曖昧にしてきた自分を手放す」**

これが、手放しの第二段階です。

## 自分を理解する、とは、「好き」と「嫌い」を明確にすること

第二段階で「嫌いなことも我慢しなければならない！」という固定観念を外すと、これまで潜在意識の中に抑え込んでいた自分の中の「嫌い」が、いくつも浮上してきます。

「テハナシ」に辿り着く過程では、曖昧だった自分の中の感情、好きと嫌いを明確にすることが大切なのですが、「嫌い」を受け入れることに抵抗を感じる方はとても多いです。

その抵抗として現れる固定観念を外しやすくする為に、今の私たちの状態を客観的に観察してみましょう。

「この先、どういう仕事をしたい？」
「これからどんな生き方をしたい？」
「一体どうしたいの？」

これらの質問は、大きく分けると「何が好き？」と感情に問いかけられています。

すぐに答えられないかもしれません。

感情は、理由を持たない、シンプルな自分にとっての正解なのですが、固定観念を持つ私たちは、感情を認識すると同時に、様々な困難を予測する思考を働かせてしまいます。

では、お金や時間などの制限を外したこんな質問だったらどうでしょう。

「目の前に、好きに使っていいお金、一千万円があります。明日から一か月、お休みをしていいです。何をしたい？」

「うーん……。何がしたいかなー？」

様々な制限を外しても、なかなかすぐに答えることができません。

うーん、と考えた時点で、すでに感情を通り越して思考が働いています。

感情はシンプルで思考をともなわないものです。

感情に問いかけようとしても、思考が働いてしまう。

四つのエネルギーを内側に向けようとしても、固定観念が邪魔をする。

これが、自分の好きと嫌いが曖昧になってしまう理由の一つです。

私のセッションでも、クライアントさんから、

「何がしたいか分からない」

「好きだったのに、嫌になってしまった」

「これからどう進んでいったら良いだろう？」

このような声が、大変多く寄せられます。

これらは、

「自分は何が好きか分からない」ということと同じですね。


すでに私たちは好きと嫌いが曖昧になっています。

嫌い！　という感情に最も敏感で正直なのは、赤ちゃんです。


もともとは、自分も同じだった……ということですね。

では、いつから自分の感情に鈍くなってしまったのでしょう。


忘れていたあの頃に戻ってみます。

――買い物で新しい服を欲しいとおねだりした時

「この間もらった、おさがりがあるじゃない。あれで十分でしょ」と言われ、欲しいものを我慢した。

――父親が、見ていたテレビを勝手に変えてしまった、と母親に不満を言った時

「お父さんはお仕事で疲れているのよ。分かってあげて」と諭（さと）され、嫌な状況を飲み込んだ。

――学校の先生に対して不満を述べた時

「きっと君にも悪いところがあるのだろう。先生だって忙しいのだよ」

話を聞いてほしかっただけなのに説教されてしまい、納得いかなかった。

人によって、様々な場面があると思います。

自分の素直な好きや嫌いを伝えた際、周囲からは、他の良い部分を見るように提示され、その好きや嫌いを抑えるようになだめられた。

諦めると、物分かりが良い子だね、と褒められた。

この時に、他者の考え方が自分の潜在意識に入り込み、後に自分の固定観念になっていきます。

その人の良いところを探すことで、自分の中に湧き上がった感情をなかったことにする。

この状態は、もはや当たり前のように染みついています。

この固定観念を外そうとすると、

「あの人は優しいから、きっと悪気はなかったはず……」

「いつもお世話になっているから……」

と抵抗が現れますが、その奥には、

「こんな自分は誰にも認めてもらえないのではないか？」

「周りに迷惑をかけて仲間から外されるのではないか？」

と、これまでの我慢強い自分が居なくなることに不安を感じ抵抗する自分がいます。


その時に、自分に伝えてあげてください。

自分の中で、良しとしてきたこの固定観念は、相手にとっての良し、だったこと。

それを持ち続け、自分を赦さず、相手を赦すことを優先すると、自分の感情は曖昧なままになってしまう、ということ。

この状態で、好きなことをして生きる！　と思って進んでみても、結果は曖昧になります。


魂の道標となる、自分にとっての好きと嫌いを明確にする為に、まずは、それを拒む固定観念を外すことの大切さを認識していきましょう。

## 「嫌い」の対極に「好き」が現れる

自分の感情の仕組みについて、もう少し詳しくお話をしますね。


私たちが存在するこの三次元は、二元性の世界です。

全てのエネルギーには二極の極性があります。


私たちは小さい頃から、嫌いを飲み込み、嫌いを受け入れ続けてきました。

仕方なかったとはいえ、それによって嫌いが曖昧になりました。

自分が嫌いを曖昧にしてきた分だけ、対極の好きも同じだけ曖昧になります。

エネルギーの法則です。

そのエネルギーの扱い方の延長線上に今の私たちは存在しているので、自分の好きがよく分からない！　という状態になるのも当たり前です。


「嫌い」の対極には「好き」があります。

十数年の手相観の活動経験の中でも、「どうしたい？」の質問に明確に答えられた方は少数でした。

私はクライアントさんに、

「何が好き？」という質問ではなく、「何が嫌だった？」と聞くようにしています。

大概の人は、「何が嫌だった？」と質問すると戸惑います。

嫌いを表現することに対する抵抗がもれなく現れます。

固定観念について、しっかりとお伝えしたのちに、改めてクライアントさんに質問します。


「今日までの日々で、1ミリでも1％でも、あれは嫌だったな、とか、違和感があったな、と、思い出せるものがあったら、書いてみて」と。

そして、クライアントさんの前に真っ白い紙を置きます。

紙の真ん中に縦線を引いて、線を中心にした左右の空白に、好きと嫌いを書いてもらいます。


「好きの部分には何も書かなくていい。嫌いの空白部分に、思いつく嫌だったことをなんでもいいから書いてみて。浮かんだ対象に99％の好きを感じたとしても、いいとこ探しはしないでいいからね。1％の嫌を見逃さないでキャッチしてみて。例えば、あの言葉、あの目つき、あの扱われ方、もらった金額、仕事量。生まれてから今日に至るまで、思いつくまま何も気にせず書いてみて」

クライアントさんは、幼稚園の頃、中学生の頃、社会人になってから……、ポツリポツリ思い出すまま一つ、二つ……、そして次第にスムーズに書き始めます。

「今日のうちに軽く百も二百も書けそう！」なんて呟き始めたりします。

違和感、居心地が悪かったこと、価値観の違い、口に合わない、肌に合わない、耳障り、歩く速度、メールの返信のスピード、会う頻度……。自分にとって嫌だったな、と思い出したことを、クライアントさんは十分位で、三十個ほど書き出しました。

出てきたこの三十個の嫌いを思い出せたのは、それらが潜在意識にあったから。ないものは出てきません。

そして、この三十個の嫌いは、目の前に起きるドラマ……、例えば、人間関係、パートナーシップ、仕事、お金、などに含まれて再現され、受け取り続けてきた、という潜在意識の仕組みを説明すると、クライアントさんは、

「確かに！　思い当たることばっかりです。そしてすごく嫌！」と、反応されます。

実際に嫌いを紙に書くということは、思考エネルギーを自分の為に使っていることになります。

書いている最中に固定観念が現れると、書けなくなります。

書けなくなったらそのつど、《固定観念を外すワーク》（106ページ）をしてください。

ご自身の状態が実感できるワークです。

是非実践してみてください。

## 「嫌い」をさらに明確にしてみよう

いざ、嫌いを表現してみると、出てきた言葉は、ざっくりしているものです。

例えば、「ムカつく、悔しい、落ち込む」といったように。

その嫌いな世界に出てきた言葉を因数分解するかのように、さらに細かく問いかけていくと、嫌いはまだまだ明確になります。

何にムカついた？　何が悔しい？　どうして落ち込む？　というように。

これ以上は出てこないところまで問いかけて、自分の状態にしっくりくる言葉を探し出す。

明確な嫌いが現れるまで、自分に思考エネルギーを注いでください。

嫌いを明確にするとは？　という質問も多いので、自分への問いかけ方を、嫌いを三十個書いたクライアントさんとの対話を例に挙げてみます。

クライアントさんのノートには、嫌いの世界の中に、

「職場の上司がムカつく」

とありました。これはまだ、ざっくりした表現なので、問いかけていきます。

――どんなことにムカついた？

「突然、大声で昨日のミスを叱り始めたこと」

――それは、状況だよね。その時、どう思った？

「大きい声は苦手」

――大きい声はどうして苦手？

「突然でびっくりするから怖い。威圧する怒り方も怖い。身体が硬直する」

このようにして、上司がムカつく！　ということに細かく問いかけていくと、何が自分にと

ってムカつくことなのか、明確になっていきます。

さらにクライアントさんは話を続けました。

「しかも上司は、ネチネチと嫌味を言うから嫌」

——どうしてそれが嫌なの？

「前の失敗についてもぶりかえされて、どうせまた失敗するからと私を全く信じていない。悲しい」

このように、「ムカつく」というざっくりした嫌いに問いかけをして因数分解していくと、

・突然の大きな声はびっくりするから怖い
・威圧されると身体が硬直する
・信じてくれないことが悲しい

と、嫌いがさらに明確になります。

そして、この嫌いな状況を避けるように、いつも同じようなタイプの人の前では萎縮し、気を遣ってきたけれど、結果的にこの嫌いな状況のドラマは繰り返されていたことに気づきます。

自分の嫌いを明確にすることで、自分が何を我慢してきたかが分かると、「もうこのパターンにはうんざり！」と、クライアントさんは、潜在意識の中に眠っていた本音と繋がり始めます。

自分自身と深く向き合う作業ですが、これまで自分に対して、こんなに意識を向けていなかったな、と気づけると思います。

意識を向けていくほどに、自分の内側の奥行きは深まり、整っていきます。

真水だった潜在意識を濁らせてしまった「嫌い」を、一つ一つ取り除くような工程ですが、自分と丁寧に向き合ってあげることが、この先の手放しで、しっかりと潜在意識を変えていくことに繋がります。

「好き」と「嫌い」のベクトルが瞬時に立っていたあの頃の自分に段々と戻っていきます。

## 明確にした「嫌い」から「好き」が現れる

嫌いが明確に現れたら、その嫌いに「何だったら好き？」と問いかけてみてください。

瞬時に「これが好き！」と、同じだけ明確に答えてきます。

「突然の大きな声はびっくりするから怖い」

この嫌いに対して、

「どんな世界が好き?」と問いかけてみます。対極には、

「私の空間を大切にしてくれる、穏やかな世界が好き」

という好きが現れました。

「信じてくれないことが悲しい」

この嫌いの対極には、

「信頼し合える仲間」

という好きが現れました。

二極のエネルギーは比例します。嫌いが少しだと好きも同じだけ少し。嫌いを曖昧にしていると、好きも曖昧になる。

ざっくりと「ムカつく」という表現で終わると、その対極の世界も「嬉しい」などのざっくりとしたものになります。

何が自分にとって嬉しいのか、自分の理解を深めていくには、何が自分にとってムカつくのかを明確にすることです。

嫌いを明確にすればするほど、好きも明確になります。

嫌いが沢山出てくる自分に嫌気がさす、嫌いを明確にすることに抵抗がある、と感じる方もいますが、

**「百の嫌い、が出てきたということは、対極に百の好き、が現れてくるということ」なのです。**

**対極に好きがなければ、嫌いも現れません。**

**感情のベクトルは何にも反応しないはずです。**

ものすごく嫌な体験を思い出したら、拒絶してしまうかもしれませんが、消し去りたいほど嫌なことは、実はものすごい好きを自分の中に秘めていたということ。

嫌いを体験することは、自分の好きを知る為だった、と捉えられたら、自分の内側にある嫌いを知るほどに、自分の好きを沢山理解できる、と、自分と向き合うことができます。

抑えてきた嫌いは、自分の好きを知る大切な宝物です。

第二段階のこの過程で、嫌いを明確にすることで、対極の好きを明確にしていく、ということを定着させていきます。

この後に続く第三段階では、その嫌いを潜在意識から手放していきます。

潜在意識にあったそのパターンをしっかりと変えていく為に、嫌いを明確にすることが大切です。


そして、嫌いを手放した後には、空いたスペースができます。

そこに対極の好きがセットされることとなり、その明確な好きが自動的に集合無意識にアップロードされることになります。

好きと嫌いを明確にするほど、自分の前に現れるドラマは好きで満たされていくのです。

ただ、自分と向き合うことは心身ともに労力を使います。無理をする必要も頑張る必要もありません。自分と向き合う準備ができた時に最善なタイミングで潜在意識は働くので、自分のペースで進めていきましょう。

## 第二段階で寄せられる質問

### Q 昔の記憶って全くないのだけど、思い出せるのですか？

眠っていた記憶を全て抱え込んでいるのが、潜在意識です。潜在意識は天才的な仕事をしてくれるので、封印した自分を思い出す準備ができた際には、どんどん顕在意識に押し上げてきます。

それをキャッチして、向き合って感じて、自分の一部だと包み込んでいく。これが本当の、自分を赦し、自分を愛する、という過程です。

継続していくうちに、どんどん記憶が蘇ってきます。焦らずに、自分を信頼していきましょう。

## 好きと嫌いを明確にする方法が難しいです。

一人で自分に問いかけていくことは、慣れないと難しいものです。まずは、自分自身に興味を持って、問いかけていくということを意識してみてください。日常では様々なきっかけがあります。

例えば……

・今日質問されて、その場で咄嗟に答えたことがあった。その答えた言葉を思い出し、「どうしてそれが好きなの？」「なぜそれが嫌いなの？」とさらに問いかけてみる。

・他人の行動を見た時に、何か違和感があった。「私は何に反応してるのかな？」「私だったらどうしているかな？」と、自分に問いかけ、その答えに「どうして？　なぜ？」とさらに問いかけてみる。

一人で過ごしている隙間時間などで、自分の好きと嫌いを明確にする問いかけをしてみてください。自分に意識を向けることに慣れていくと、その問いかけ方にも様々な角度があることに気づきます。

実際、感情にはとても奥行きがあるので、例えば怒りという感情にも、どの部分に対して怒りが沸くのか？　など、さらに奥行きが現れてきて、問いかけもスムーズになってきます。

自分の中に、より明確な答えがあったことを知ると、内側の自分はスッキリしたり、より自分を理解できたことで喜ぶ感覚があります。

相手に対してではなく、自分に向けて興味を持つことを意識づけながら、是非続けてみてください。

**嫌いや好きの感情が特にないのですが、探さないとダメですか？**

A あえて嫌いや好きを探す必要はないです。感情が波立つな、と感じたり、重さを感じたりした際は、嫌いや好きが現れているサインです。その時に、自らがスッキリしたい！　整えたい！　と思ったならば、自分と向き合ってください。

この本に書かれていることは、他動で実践しても意味がなく、全て自発的であることが大切です。

# Chapter 09 重さを手放しどんどん軽くなっていく

私が私を認めてあげる。
誰かの期待に応えてきた自分を手放す。

## 手放しの第三段階

第二段階の手放し「好きと嫌いを曖昧にしてきた自分を手放す」が定着してくると、これまで自分が我慢して抑えていたエネルギーが潜在意識から沢山浮上してきます。扉を開けながら、階段を一段一段下ることにも慣れ、そのつど、知らない自分に出会っていく感覚です。

日々のドラマの中では、感情の動きに敏感になった自分の変化を感じます。同時に、目の前のドラマと同じ状況を過去にも体験していたな、と内側のエネルギーが動くこともキャッチできるようになってきます。

これまで気づかなかった重さを感じることに戸惑い、悪い方向に進んでないかな？　と感じるかもしれませんが、抑えてきたものが出てきていることによる好転反応です。

外側に向けていた意識が、内側に向けられている状態です。

これまでは何も感じずむしろ穏やかに過ごしていたのに、誰かと関わり、何かを始めるほどに、感じてしまった自分の中の怒りや嫉妬、悲しみなどは存在感を増し、同時に、ずっと繰り返しているパターンにイラつき、変わらないドラマにうんざりしてきます。

自分の中のエネルギーが溢れてしまいそうで、しんどくなってきます。

抱えていたものを手放すには、それを外側へ排出することです。

「もううんざりだ！　この気持ちをあの人に分からせたい！」

自分の中が騒ぎ始めます。

これが、エゴです。

固定観念を外していくほどに、潜在意識に眠っていた、私というエゴが目を覚まして浮上してきます。

他者に期待しては失望し、不足を感じ、そのまま諦めて、怒りや嫉妬、悲しみなどのエネルギーを抱え込んだままのかつての自分です。

目を覚ましたエゴは、その対象に向かって飛び出していこうとします。

そのエゴに、問いかけてみます。

「誰に分かってほしいの？」

当時の自分は、約束を守ったのに交換条件が果たされなかった無念、できると思ったけどできなかった言い訳、やりたかったことを諦めた悔しさ……などを語りだし、それらは、あの人のせい、この人のせい、分かってほしい、気づいてほしい、とそれを誰に訴えたいか、伝えてきます。

その時、自分の中のエゴをその人に排出してはいけない！　と抵抗する扉が現れます。

・人のせいにしてはいけない。
・私が悪かったから仕方ない。
・きっと分かってもらえない。
・口ごたえするのは生意気だ。

その先に進むことを阻む扉が出てくるのです。

「言ってはダメ。きっとがっかりされる」

扉にはそう書かれています。

エゴを抑えようと、自虐や自分のせい、などの抵抗が出てきたら、それは固定観念です。

扉を開ける鍵は、固定観念を外すこと。

この固定観念を外していきましょう。

これらの言葉をいつかの誰かに言われたことはありませんか？

・人のせいにするな。
・お前が悪い。
・そんなことできるわけない。
・口ごたえするなんて生意気だ。

この言葉を誰から言われたか？　思い出せたら、その人を認識して、《固定観念を外すワーク》（１０６ページ）をしてください。

抵抗する扉を開けながら、進んでいきましょう。

扉を開けたら、もう一度、自分の中のエゴと向き合います。

過去の私は何を期待して、何を満たしたかったのか？　それができなくてどんな気持ちだったのか？　四つのエネルギーに問いかけて、何を抑え込んでいたのか聞いてあげましょう。好きと嫌いが明確になるまで、しっかりと問いかけてください。

当時の自分は、壮大な夢や希望を持ち、ワクワクした世界に進みたがっていました。かつては誰かに否定されて諦めていた自分の声を、ただ頷（うなず）いて聞いてあげるのです。しっかりと共有して味わったら、その思いをその人に言おう、とエゴに伝えてください。

このままの自分で我慢するしかない、と重さを抱え続けたエゴが、「もううんざり！　これを手放して身軽になりたい」と相手に伝えることに納得したら、その抱えたエネルギーを、この後に説明する、《重たいエネルギーを手放すお掃除ワーク》（以下「お掃除ワーク」・１５２ページ）で手放しましょう。

お掃除ワークを完了できたら、そのエゴが抱えていた、相手に理解され、評価される為に、物分かりが良かった自分のパターンが手放されていきます。

**エゴは体験となって昇華され、今の自分に一体化されていきます。**

**「私が私を認めてあげる。誰かの期待に応えてきた自分を手放す」**

これが、手放しの第三段階です。

## エゴについて

潜在意識にある重たいエネルギーは、私、というエゴが抱えているものです。

これから、それを手放していく実践に入りますが、その前に、エゴについて理解を深めていきましょう。


エゴは個人意識のことです。言い換えると、私＝主観＝地球意識＝三次元意識となります。

対極には、全体意識があり、私たち＝客観＝宇宙意識＝五次元意識となります。


スピリチュアルなどの精神世界でよく耳にする「世界平和」「皆に愛を感謝を」というのは、主語が私たち、であり、宇宙意識のことです。

私が幸せになりますように……ではなく、世界の皆が笑顔で過ごせますように、世界が平和でありますように……という意識です。

宇宙意識の状態で生きる、とは、みんなを愛さなければ、全てのものに感謝しなければ、と思考で捉えた境地ではなく、内側から愛や感謝が湧き上がっている状態です。

教義は頭に入るけど、なぜ、愛や感謝が湧き上がらないのか？　もしくは、その意識を摑めたことはあるけれど、なぜ継続しないのか？

それは、自分の意識の中で、極から極への反転現象が起きていないからです。

潜在意識にエゴが残ったまま、全体意識に進もうとすればするほど、対極の個人意識に引き戻されます。全体意識を生きたくても、進ませてもらえない現象が起きます。

三次元意識を持ったまま、五次元意識には移行できないのです。

全てのエネルギーは二極の世界で成り立っています。

極から極に移行する際は、どちらかに傾き、極限まで行った時に反転現象が起きます。

陰極まって陽に転じる。エネルギーの法則ですね。

身近なところでは、鹿威し（ししおどし）をイメージしてもらうと分かりやすいでしょうか。

魂のカタチを生きるとは、宇宙意識を生きることです。

その為にまずは、私という「エゴ」をしっかりと極まで生きて、エゴを構築することが必要になります。

個人の私を生きるとは、毎日繰り広げられる目の前のドラマを全身で味わい尽くす、感じきる、やりきる、ということです。

そうするとその体験を終えた、という極限に辿り着きます。「もう十分だ」という思いが湧き上がり、軽やかに手放せる、という感覚になった経験はないでしょうか？

自分のこれまでを振り返っても、思い残すことなくやりきったこと、感じきったことについては、軽やかに語れると思います。逆に、やりたいことをやり尽くせなかったこと、それにともなう様々な思いが残っている過去を語る時には重さがあると思います。

それは潜在意識に未体験の個人意識＝エゴをまだ抱え込んでいる状態だからです。

自分の体験で、味わいきっていない、気づいていないエネルギーは、その体験をやりきっていない状態として潜在意識に残ります。

体験を終わらせるまで、繰り返し同じドラマを潜在意識は引き寄せます。

潜在意識は誤魔化しがききません。

だからこそ、目の前のドラマを通して、エゴと向き合い、内側のエネルギーの反応を受け取ってください。

痛みや震え、涙や苦しみを感じる時もあります。それを味わいきることが、体験を終わらせることになります。

頭で分かっただけでは、終わりません。

分かった、とは、体験を味わいきること。そして終わりにすること。

その時に、拒絶していたエゴは自分の体験として昇華され、潜在意識から消えていきます。

私、というエゴをしっかりと構築して、味わい尽くして手放していく。

手放しはこの後の《重たいエネルギーを手放すお掃除ワーク》（１５２ページ）で完了します。


**エゴは、特定の誰かやグループや仕事など、執着する対象を設定し、それが失われることを恐れます。**


エゴを手放した後は、「この人だけが全てじゃない」「この場所がなくなっても別の場所がある」と、設定していた狭い枠が外れ、視野が広がっていく感覚になります。

不安から安心へ、意識の反転が起きます。

## 手放しはイメージの世界だけで完了

潜在意識の状態を変える、とは、エゴが抱えていた重たいエネルギー＝「嫌い」を手放して真水に戻していく作業です。

その為にこれまで、四つのエネルギーについて理解を深め、好きと嫌いを明確にし、エゴの声を聞いて体験を完了させる、という準備を進めてきました。

いよいよそれを内側から外側へと排出します。

手放しをする、というと、多くの人が、こんな質問をされます。

「直接、本人に伝えるのですか？」と。

とても良い質問です。手放しで最も大切な部分です。

「**全てはイメージだけです**」

《重たいエネルギーを手放すお掃除ワーク》は、イメージの世界だけで完了です。

現実で直接本人に伝えることはしません。

そう答えると、決まって、

「直接言わなくていいのですか？」

と驚かれます。

「直接言わないのなら、できそうです」

そう言って安心する方もいます。

しかし、イメージで相手に伝える、というお掃除ワークを始めた人が、後日、感想を伝えてくれます。

「イメージで手放し、って難しい！」と。

最も多いのが、

「イメージで伝えるということを忘れて、実際に怒りをぶつけてしまった」

「悔しくて、イメージの世界で伝えるよりも、一言言ってやりたい！　と気持ちが爆発しそうになる」

「ついつい、お掃除ワークを忘れていつものように抱え込んでしまった」


こういった内容です。

イメージで伝えるだけで大丈夫、と言われても、これまでの人生で実践したことがないので、それを信頼するのは難しいことです。


それでも、何度も繰り返します。

イメージだけでいいのです。


潜在意識で抱えていたものをイメージで相手に伝えたら、それを三次元の現実ではなく、五次元の集合無意識にイメージで返して、お掃除ワークは完了します。

この三次元の現実を作っているのは、潜在意識と集合無意識の働きです。

お掃除ワークは、その仕組みに従って実践します。

お掃除ワークを続けると、自分の中から重さがなくなり、現実のドラマから、その重さを抱える自分のパターンは消え、自分の言動行動はいつの間にか変化していきます。

その効果を体験してください。

日々のドラマの中で湧き上がった重たいエネルギー、また、潜在意識から出てきた重たいエネルギーは、このお掃除ワークで手放します。

お掃除ワークの詳細な手順を解説します。

大切な部分ですので、しっかり読んでください。

Work

# 重たいエネルギーを手放すお掃除ワーク

**❶潜在意識から浮上してきた重たいエネルギーや、日々のドラマの中でモヤモヤ、イライラと重たいエネルギーを感じたら、その反応をキャッチする**

モヤモヤ、イライラ、不安や焦り、身体の重さ、疲れなど、自分の中に抱えていた重たいエネルギー＝「嫌い」が湧き上がってきたら、その反応にしっかりと意識を向けてキャッチします。

全心身でその重たいエネルギーを感じて味わうことが大切です。

**❷自分の中の反応にしっかりと向き合い、問いかけて、伝えたいことを言葉にする**

湧き上がってきた重たいエネルギーの反応に意識を向けて、それを言葉にするまで、自分の内側に問いかけます。

自分の内側への問いかけ方は、Chapter 07〈自分に意識を向けて問いかける〉（96ページ）を参照してください。

重たいエネルギーは、自分にとって「嫌い」なことです。

「私は○○が△△だからイライラした」「私は○○が△△だから不安だった」と〈嫌いな世界〉を言葉にしていきます。自分の「嫌い」を明確にすることがしっかりと手放しをするコツです。Chapter 08〈自分の「好き」と「嫌い」を明確にする〉（117ページ）を参照してください。

ここは時間をかけて自分の内側と向き合う作業です。

### ❸自分が伝えたい相手は誰なのか？　明確にする

重たいエネルギーを言葉にできたら「それは一体誰に伝えたかったのか？」と自分に問いかけます。

「これはお父さんに伝えたかったこと」「これはお母さんに言いたかったこと」「Aさんに言えなかったこと」など、自分の内側が答えてくれるのを待ちます。

伝えたい相手が自分ということはありません。

### ❹イメージの世界で、自分の前に伝えたい相手を呼び出す

内側の自分が教えてくれた〈伝えたかった相手〉を自分の前にイメージで呼び出します。

相手の顔や名前を認識して、しっかりと向き合います。

名前が分からない、顔を覚えていない場合は、シルエットでも大丈夫です。

相手と立ったまま向き合う、座って向き合うなどのシチュエーションは自由です。

**❺「私は、この重たいエネルギーを〇〇さんに全て伝えます」と自分に向けて宣言する**

イメージの中で目の前に伝えたい相手が現れたら、まずは、自分に意識を向けて「私の中にあったこの重たいエネルギーを目の前の〇〇さんに全て伝えます」と宣言します。

エネルギーは意識を向けた方向に流れていくので、「誰に向けて何を伝えるか」を宣言すると、自分の身体の中の七つあるチャクラの内の第五チャクラ（喉）というコミュニケーションを司るチャクラが、開く感覚が分かると思います。

コミュニケーション（相互間の対話）は、第五チャクラからしか外に出ていくことはできません。

自分に向けて「伝えます」と宣言することは、出してはいけないと抵抗していたこれまでの自分を突破する為にも大切な作業です。

**❻「私は、〇〇さんに伝えます」と、伝える相手を明確にして、言葉にした重たいエネルギーを目の前の相手に全て伝える**

意識した方向にエネルギーは流れます。

相手を明確にして、「伝える」ことは、エネルギーがどこに流れようとしているのか方向づける為に大切な作業です。

イメージの中でその相手に向かって言葉にしたことを全て伝えます。

実際に言葉に出しても、イメージの中で伝えるだけでも大丈夫です。

抱えていた重たいエネルギーが内側から外側に排出される為に、伝える、ということが大切です。しっかりと、出しきってください。

### ❼伝えたエネルギーを袋や箱に閉じ込めて、集合無意識まで送り返したら完了

自分の中の重たいエネルギーを相手に伝えたら、今度は、その伝えた相手も繋がっている集合無意識まで、その重たいエネルギーを送り返します。

相手に伝えた言葉を、イメージで、光や、黒いモヤモヤしたものなどにまとめた状態にして、箱に詰める、袋に閉じ込めるなどして封印します。

「これを◯◯さんの集合無意識に送り返します」

と、送り返す方向をしっかりと示し、封印した重たいエネルギーを集合無意識までイメージで送り返します。

これでお掃除ワークは完了です。

全て、イメージの中だけで大丈夫です。

**【大事なPOINT】**

- 潜在意識に抱えていた重たいエネルギーは、本当に伝えたかった相手にしっかりと伝え

ることで手放すことができます。相手をしっかりとイメージすることが大切です。

- このお掃除ワークは、相手に怒りをぶつけることや、恨みを伝えることが目的ではありません。特定の存在や状況を前に、繰り返し自分を抑圧していた、これまでのパターンを手放す為に、潜在意識を変える、ということです。何かのせいで、誰かのせいで、自分自身のエネルギーを循環させられないと言い訳してしまう自分のパターンの手放しとなります。
- 目の前の相手に伝える時は、お互いが向き合い、目を見てコミュニケーション（伝えている）している状態をイメージしてください。それが循環するパワーを取り戻すことになります。相手の背中に向かって伝えたり、目を反らして伝えたりすることは容易であり、それでは自分のパターンを手放すことにはなりません。
- 伝えたエネルギーを、最終的に集合無意識まで送り返すことは、自分以外の外側の世界をコントロールしたくなるパターンを終わらせ、宇宙に委ねる、という意識の変化へと繋がっていきます。
- 集合無意識まで送り返してお掃除ワークは完了です。
- ❶～❼まで、ひとつひとつ丁寧に進めていってください。大切な過程なので、ひとつでも抜けると、ワークが不完全です。
- お掃除ワークの過程で、喉が詰まるような苦しさがある、自分の中に抱えていたものをジャッジする自分が現れる、などの反応が出たら、それは固定観念による抵抗です。本来の自分はもともとその考え方を持っていなかったことを認識し、《固定観念を外すワーク》（106ページ）でそのつど、固定観念を外してください。喉の詰まりを取って、意識を内側に向け、再度お掃除ワークをしましょう。

## 好きな世界を求める前に、「嫌い」を手放しスペースを空けること

第三段階に至ると、日常の中で自分の好きと嫌いを感じやすくなります。過去の記憶も、どんどん蘇ってきます。

感じ取った重たいエネルギーは、自分にとっての「嫌いな世界」です。手放さないと自分が侵食される感覚になります。

重たいエネルギーを手放すお掃除ワークをする際は、Chapter 08〈自分の「好き」と「嫌い」を明確にする〉でお伝えしたように、好きと嫌いを明確にしてから「何が嫌だったか」をイメージで相手に伝えましょう。

お掃除ワークで、十個の嫌いを相手に伝えたら、潜在意識には十個のスペースが空いたことになります。

自分の嫌いを十個明確にしたということは、その対極に、十個の好きが現れています。

お掃除ワークをして、スペースが空いた後には、その十個の好きをしっかり認識してください。

紙に書く、イメージする、声に出すなどお好きな方法で「これが自分の好きな世界」とご自身で認識できれば大丈夫です。

その十個の好きは、潜在意識にできた、十個のスペースに収まります。

潜在意識の情報は、そのまま集合無意識にアップロードされます。

集合無意識は、明確になった「好き」な世界を見つけ出し、人間関係や仕事との関係性、愛やお金の循環の形、などなど、自分にとって好きな世界の情報を持っている人を最善のタイミングで目の前の三次元に登場させてきます。

**大切なのは、好きと嫌いを明確にすること。**
**「嫌い」をしっかりお掃除ワークで手放して、スペースを空けること。**
**空いたスペースに好きを収めて、集合無意識にアップロードすること、です。**

私たちは、これまで、自分にはどんなことが合っているのだろう？　どんな人と出会えるのだろう？　と外側の世界へ探しに行っていました。

自分の好きを探し求めるのは、外側に行くことだ、と思い込んでいたと思います。

そして、好きを見つけたら、どんどん取り込もうとしていたと思います。

自分を好きで満たせば、楽しく幸せになると思い込んでいたと思います。


でも逆でした。


**好きを求めに行くのは、外側ではなく、自分の内側、でした。**

**好きを取り込むことが先ではなく、嫌いを手放すことが先だったのです。**


これは、日常生活にもある状況です。

高級なスキンケア用品を使用しても、その前にメイクをしっかりとオフしないと効力を発揮しない。

お金をかけて新しいアイデアや機器を事業に取り入れても、もともと働いている人の意識を変えなければ効果は出ない。


今、すでにある不要なものを手放さないまま、好きな世界を取り込み、上塗り、上書きしても、結果的に根本から手放しをさせられます。

まずは嫌いを手放してスペースを空けておく。


あとは、集合無意識の大いなる流れに委ねて、ただ、待つだけ。

そして、目の前に好きが現れたら、行動してください。


好きを探し求めて、お金をかけなくてもいいのです。

三次元を自分でコントロールしなくてもいいのです。

外に飛び出す前に、自分の内側を整えておく。

内側にスペースが確保できていれば、外側の世界を取り込むことができます。

## 手放しは外側の誰かや何かを切り離すことではない

お掃除ワークを始めると、多くの人が、

「自分の中の〈嫌い〉という感情をイメージでも相手に伝えることに抵抗があります」

と、言います。

抵抗する理由を聞くと「その人を否定しているようで罪悪感を持つ」ということでした。

お掃除ワークをする目的は、自分の本質に戻る為です。

他者を否定する、批判をする為ではありません。

あくまでも、外側のドラマは、自分という存在がどう反応するか？　自分を知る為のありがたい体験である、といった認識です。


一つ、私の例を挙げてみます。


幼少期、私の父は、出張が多く、毎度お土産を買ってきてくれましたが、ある時から、ガラスケースに入ったフランス人形が続くようになりました。

初めてもらった時には、美しいフランス人形を見て喜んだ記憶がありますが、それが二度目の時には、

「えー！　こんな人形いらない！」

と訴えました。その時、周りの大人は、

「高価なものをお父さんが買ってきてくれたのだよ！　喜ばないとがっかりされちゃうよ」

「前のお人形とは、お洋服も違うし、全然違うじゃない」

「忙しいのに、お土産探してくれただけでもよかったじゃない」

と、私をなだめました。私は不満を飲み込んで、「ありがとう」と言いました。

三度目には何の不満も出さず、「ありがとう」と伝え、それ以降も続いた際には、お礼も言

わなかったと思います。その後、お土産が日本人形になったり、こけしになったりした時もありました。

大人になって、この話を笑い話として人に話していましたが、ある時ふと、なぜこの話を時々思い出すのだろう？　と思い、その時の私に問いかけてみました。


――あの時、本当はどう思っていた？

小さい頃の私は、

「遊べるおもちゃが欲しかった、飾るだけのお人形なんて要らない」

――そうだよね。それ言ったのにね！

「周りの大人も、お父さんに気を遣っているし、嫌だった」

――確かにそうだよね。

「お父さんは、高いものを買えばいいと思っている。私のことは何も知らないんだ」

――うんうん。

「……私に興味がないんだよね」

――そうか。

「他の人とはいっぱい話しているのに、私とは一緒に遊んだことがない。寂しかったな」

自分に問いかけながら、幼い自分が、様々なことを感じていたことに驚きました。

その当時は、言葉にできなくても、今の自分がその感覚や感情に寄り添うと、感受性豊かな当時の自分がどんどん語り始めます。

そして気づきます。

今でも、父には気を遣ってしまうことを。しかも、父が選んだものに関して、自分の気持ちや意見を言うのを諦めている私、父に気遣う周りの人を見ると、なぜかイラついてしまう私がいることを。忙しいからわがままを言ったら嫌われる、と思っていたこと。そして、娘の私が本当に好きなことには、きっと興味ないのだろうな、と諦めていたことを……。

また、大人になってからも、父を投影してしまう存在の人に対して、同じようなドラマを当てはめていました。

あくまでも私の一例ですが、一つの思い出話から見つけた嫌だったことへの問いかけです。一つの「嫌」には、とても奥行きがあった。そして行き着いたところには、シンプルな「寂しい」という感情が眠っていた。

父の全てが嫌いということではない。父を否定しているわけでもない。

私の中にあった寂しさ。それを埋めることは無理だと諦めてしまっていたことの気づき。

お掃除ワークは本当の自分に出会う為の過程です、という意味が伝わったら嬉しいです。

その後、私は、イメージの中で父に、浮かんできた感情をしっかりと伝え、ワークをしました。

いつの間にか現実の世界でリラックスして父と接する私がいました。

「たまには、いろんなこと話そうよ」と、スッと伝えられた時には、父も「そうだね。たまには話そうか」と、答えました。

相談することもなかった親子関係でしたが、しっかりと会話ができた際には、生まれ変わったと思えるほど自分の中から歓喜が湧き、内側の幼い自分が喜んでいるのが分かりました。

このように、お掃除ワークとは、外側の世界を、「嫌い」と否定し、対立することではなく、自分の内側を整え、自分と調和していくことです。

結果的に、外側に調和の世界が現れることになります。

潜在意識に抱えたパターンを手放すまでには、抵抗してくる自分にも出会いますが、その先には、知っていたつもりの世界がひっくり返り、新しい向き合い方が待っています。

自分の内側に不足があると思っていたから、現実の世界にも抵抗して、対立を作っていただけ。

不足があると思い込んでいたのも幻想であり、その為にも、潜在意識から感覚エネルギーが浮上してきたら、抵抗せずにしっかりキャッチして、お掃除ワークをしてください。

## お掃除ワークで分かる、自分が我慢してしまうパターン

《重たいエネルギーを手放すお掃除ワーク》をするには、しっかりと相手を認識して、イメージの中でその相手に伝える、ということが重要になります。

「本当に言いたかったその人」「分かってほしかったあの人」に伝えないと、手放しは完了しません。

それを教えてくれるのは、かつての私＝エゴです。

エゴには、抱えたエネルギーを誰に届けたいか、ちゃんと意思があります。

誰かに愚痴を言っても、カウンセリングで告白しても、同じパターンから抜け出せずに、変われない自分、という経験、あると思います。

誰かに褒められても、愛されても、心の底から受け取ることができない。

誰かに慰められても、理解されても、心の底から癒されない。

それは、エゴが納得していないからです。

エゴは誤魔化しがききません。

エゴの声を聞き、本当に伝えたい相手を認識して、抱えている重たいエネルギーのもとである発信元にそれを循環で戻さないと、エゴは抱えたまま手放してくれません。

お掃除ワークで、かつての私に、「誰に何を伝えたいのか？」と聞くことは、同時に、「誰に何を伝えられなかったのか？」ということを知ることになります。

ここで気づきたいのは、どんなシチュエーションでどんなタイプの存在を前に、今の自分は我慢してしまうパターンを持っているのか？　ということです。

クライアントDさんの例を出して細かく説明します。

Dさんは、ある日、職場で男性上司から理不尽な叱責を受けた際、我慢の限界を超えて、泣き出してしまった。それ以来、出勤しようとすると身体に異変を感じるようになり、初めて休養を取ることになった。横になっていると、落ち込んだり情けなくなったり、腹が立ったり悔しくなったり、と様々なエネルギーが溢れてきては、身体をさらに重くする。

「もうこのパターンを手放したい！」

と心底感じ、お掃除ワークをしよう！　と自分と向き合い始めた。

職場の上司に、どんなことを言われ、どんな気持ちになったか。嫌な気持ちをどうして我慢してしまうのか。自分に問いかけていき、自分の内側の声を理解していくうちに、転職をする度、新しい友人グループと交流をする度、同じ痛みに傷ついていた過去のドラマを思い出していく。

自分が嫌な思いをして我慢をするのは、いつも、男性の上司や先輩の男友達に対してだ。

さてここで、

「同じようなタイプの人を前に、いつも私は我慢してしまう」

と、納得して終わりにすると、相手のせいにして自分は変わらないままとなります。

原因は確かに、異性との関係で嫌な気持ちになる、ということですが、お掃除ワークは、自分が嫌な思いをする理由を他人のせいにすることではありません。

お掃除ワークの目的は、自分はどんなパターンを持っているのか認識すること。

そして、そのパターンを手放すことで、自分自身が変わる、ということです。

ここで、Ｄさんは、嫌だったことを明確にしていきます。

嫌いを思いつくまま紙に書き出しました。

〈男性、年上、言葉がキツイ、言いたいことを言う〉

こんなタイプの人を前にすると、何を言われても従い、我慢してしまう。

この言葉をさらに因数分解してみます。

〈上下関係にこだわる、思い通りにコントロールしようとする、一方的、決めつける、威圧的に怒る〉

いつも、この性質を持った人と仲良くなるけれど、最終的には関係が終わってしまう、ということに気づきました。

ふと、そこで、

「実際いつも気にかけてくれているし……」

と、お掃除ワークで伝えることに抵抗が出てきました。

「相手に感謝しなければいけない」

「年上には気を遣うべき」

これはかつて父親に言われた言葉。

「口答えするんじゃない」

「悪い言葉は自分に返ってくるよ」

これはかつて母親に言われた言葉。

これらは固定観念なので、固定観念を外すワークでお返しします。

お掃除ワークをすることは、相手を打ち負かすことでも相手のせいにすることでもなく、自分の恐れを突破して、自分の内側を変容させる、ということです。

お掃除ワークを始めます。イメージで目の前に会社の上司を呼び出し、目を見て伝えます。

「私を思い通りにコントロールするのはやめて！」

「私の話を聞かずに一方的に自分のことばかり話すところが大っ嫌い！」

「本当は馬鹿なフリしてあんたに合わせてるだけ！」

「威圧的な態度で私を怖がらせるな！　耳が痛い！」

エゴが伝えたいままのエネルギーを言葉にしようとすると、自分でも戸惑うほどに乱暴な物言いとなりますが、内側のエネルギーを言葉に変えているだけ、と認識してください。気遣って丁寧な言い方をすると、潜在意識には、出しきれなかったエネルギーが残ってしまいます。

自分の中のお掃除なので、ここは思いきり言葉にエネルギーを込めましょう。

抱えていた「嫌い」をイメージでしっかりと相手に伝えたら、それを三次元の現実に吐き出すのではなく、五次元の集合無意識に向けて送り返す。

誰にも迷惑はかけないので、大丈夫です。

Dさんは、伝えたエネルギーをしっかり箱に詰めて、五次元の集合無意識に、「これを会社の上司○○さんの集合無意識に返します」と、送り返しました。

この後、Dさんは、思い出した過去の苦手な男性の先輩にも、お掃除ワークで抱えていたエネルギーを伝えました。

また後日、Dさんは、職場の上司とのことを同僚の女性に相談した際に、「私に相談されても、何もできないよ。我慢するしかないよね。きっとあなたにも原因があると思うよ」

と言われたことが悲しかったことを思い出し、お掃除ワークをしました。

すると、過去の同じようなシチュエーションで、見て見ぬフリをした周りの友人を思い出して怒りが湧いてきました。

このように、お掃除ワークをして一つのパターンを手放すと、気づかなかった奥行きが現れ、別の記憶が目を覚まし始めます。

お掃除ワークで潜在意識に抱えていた嫌いな世界を手放し、同時に自分にとっての好きな世界を明確にする。内側をしっかりと整えたDさんは、休養期間も終わり、会社に出勤して、自分がいつの間にか変化していることに気づきます。

軽やかに明確に意思表示ができる言動や行動を取れている自分に驚きます。

嫌いだった男性上司からは、「これまで沢山負担をかけてしまっていたね」と突然謝罪されました。聞くと、かつて相談した同僚がDさんへの対応について物申したらしく、考えさせられたとのこと。そして、男性上司にはトラウマがあり、それが原因でDさんに辛く当たってしまっていたという話を聞くことに。男性上司の変化を感じ、Dさんのわだかまりは溶けていき、その後は、その上司や社内でのドラマの中に「好き」を感じられる体験が起こり始めます。

またある日、急に昔の仲間から会食に誘われ、その中には苦手だった男性の先輩がいましたが、気にせず参加することに。男性の先輩が弱音を吐いていたので、はっきり自分の考えを伝えたところ、ものすごく感謝され、その後は心地よい関係性になりました。

このように、お掃除ワークをする度に、知らなかった自分を生きていく感覚と、自ら現実を変えなくても、自動的に目の前のドラマに変化が起きている、という体験が始まります。

これまでのドラマに悪役として登場してくれていた、会社の上司、男性の先輩は、自分のパターンを表出させてくれる大切な存在だったんだ、とDさんは言います。

この人のせいで嫌な思いをしている！　と思っていた時は、相手への対立意識しかなかったけれど、今は、上司や苦手だった先輩の良い面や優れた能力を、自ら感じ取ることができるようになっている。

自分が相手の良さを発見すると、相手にも、自分の能力を発見してもらえるドラマが起きる。その度に気づきがあり、感謝や理解が湧き上がるとは、こういうことなのか！　と実感する。

お掃除ワーク後のご自身の体感を、Dさんは、

「日々、エネルギーが湧いてくる感覚」

と表現されていました。

## エゴは被害者意識を持つ

お掃除ワーク後には、知らなかった自分を生きていく体験が始まる、という変化がありますが、もう一つ、大切な意識の変化があります。

それについて説明します。

エゴは、被害者意識を強く持っています。子供の頃に持っていた、「自分の思い通りにならないと嫌！」という感情と「相手のせいで果たせなかった！」という思考です。

この感情と思考のねじれがエゴです。

エゴがある状態で、相手の目線に立つことは困難です。なので、私たちはこれまで固定観念によって「相手を理解しなければならない」と一生懸命エゴを抑え込んできたというわけです。

お掃除ワークでは、誰のことも気にせず、子供のままのエゴを、そのまま伝えたかった相手に、イメージの中でしっかりと排出します。

潜在意識から一つのエゴを手放した後、内側で反転作用が起きます。

重たいエネルギーを手放して空いたスペースから、気づきが湧いてくる感覚です。

「これは、自分の在り方にも問題があったな！」……というように、相手がこれまで伝えてきた言葉の意味や、自分がしてきた立ち居振る舞いが自然と理解できる意識に変化していきます。

固執していたエゴから離れ、自分を客観的に視る視点が自然発生してくるのです。

この状態が、一方向からではなく、逆方向から物事の本質を視る意識への変化です。

いくつものエゴを手放すほどに、その一つの物事を多角的に視る意識が育っていきます。

これが、立体意識＝宇宙意識に繋がっていきます。

お掃除ワークを続けることは、この意識の変化をいくつも重ねていくことです。固定観念からではなく、自然と自分の中から物事への理解や感謝が湧いてきます。

## お掃除ワークをする度に、新しい体験への招待状が届きます

身体を疲れさせ動かなくさせてきた、怒りや悲しみなどの重たいエネルギーを手放し「～しなければ」という固定観念も外していく。

お掃除ワークの後には、集合無意識にアップロードした好きな世界への招待状が、自分の想像の枠を超えた形で、突然届くようなことも起こり始めます。

招待された世界には、理想だった環境、仲間、仕事、パートナーとの縁が用意されています。やってみたかったことをチャレンジする機会が与えられ、新しい体験を通して、知らなかった自分に出会います。

・思いがけない場所で、懐かしい友人に再会してから、どんどん縁が繋がり、新しいプロジェクトのメンバーとなって得意なことを発揮する場が与えられた。

・バーで意気投合した人に、自分の職場での問題点について質問されたことに答えたら、後日、社内でバッタリと会い会社の役員だったことを知る。それをきっかけに、会社刷新の為の新しい課のリーダーに任命された。

既存の人間関係では、軽くなった自分のまま存在しているだけで、相手を変えようとしなくても、目の前の人が自ら変わっていくという現象が起きます。

自分が持っているスキルや能力を発揮する場が与えられ、全てを出しきる、やりきる、と覚悟できる自分になっていることに気づきます。

潜在意識の中に抱えていた、何かをすると抑圧され否定される、というパターンを手放し、その対極の好きを明確にすることで、目の前の現実には、自分のままを出しきることを望まれ、出しきることでそれが評価され、喜ばれる、というドラマが映し出されるのです。

先に自分を赦した結果、外側の世界に赦しが起きる、ということです。

手放し後の世界を是非体験してみてください。

面白いことに、このスムーズな流れは、自分のエゴが入ると途端に止まり滞り始めます。エゴは、三次元に好きな世界を引き寄せようと、自らが状況を支配し始めます。

この人がこのタイミングでやってきて、こんなことを私に言ってくれて、こういうシチュエーションで、など、意識が外側に向き始めた途端に、です。

好きな世界を集合無意識にアップロードしたけれど、起こる流れに自分を委ねられず、集合無意識との通信を遮断してしまうのです。

変化した自分が未知なる体験を進もうとした際、これまで気づかなかった自分の中の不安や恐れ、エゴが現れ、引き戻そうとしてきます。

進んでは、引き戻され、の連続です。

その度に、お掃除ワークをしてください。

エゴを手放したら、また宇宙から新たな招待状が届きます。

## お掃除ワークの後の過ごし方

「お掃除ワークで、相手に言いたかったことをしっかりとイメージで伝えた後は、現実でその相手にどういう行動を取ればいいですか？」と、聞かれます。

大切なところです。

現実の中では、相手に対して、

「お掃除ワークの後は、何もしない」

もしくは、

「お掃除ワークをした後は、そのことについて忘れる」

とお伝えしています。


その時に感じた重たいエネルギーが完璧に自分の中からなくなると、そのことについて忘れる、という状態が分かります。

もしも、まだ忘れられずに囚われてしまっていたら、思い残しや抱えたエネルギーがあるということです。外側に引っ張られる、そのことが気になる、となったら、粛々とお掃除ワークをしてください。


「お掃除ワークの後、明確になった好きをしっかりと集合無意識にアップロードしました。その後はどう過ごせばいいですか?」

という質問もよくあります。

好きな世界が現れるのを、

「待つ」「委ねる」の状態で過ごしてください。

とお伝えしています。

どんなタイミングでその好きな世界が現れるのか、待つ。

どのようなシチュエーションで新しい世界が創られるのか、委ねる、ということです。

お掃除ワークを通して、これまで自分で現実をコントロールしてきた在り方から、集合無意識に流れをお任せして委ねる状態を習慣化させていきましょう。

タイミングの現れ方は、突然メールがくる、道でばったり会う、隣同士の席で意気投合する、など、外側の世界が自分の意識をノックするかのような感覚でやってきます。

そうすると、

「では、新しい世界が現れるまでは、どのように過ごしていればいいですか？」

と質問をされます。

「日々のドラマを通して、自分の内側を感じ、自分の内側の状態を整える。外側の世界からノックされたら、いつでも自分をしっかり表現できるように、自分の内側の世界を具現化する為に時間を過ごす。自信がなかったら、もう十分だ、と思えるまで、自分に向けてエネルギーを注いでください」

と、答えています。

何もしない、とは、外側の世界をエゴで動かそうとしない、ということです。日々、自分の内側に存在し、目の前の現実を生きる。

自分の好きな世界をまとめる、言語化する、精度を高める。

環境も人間関係も、好きな世界に向けて自分自身を整えておくだけです。

ノートに書き出す、作品を創る、など、自分の内側にエネルギーを注入し、形にし、納得いくまで取り組んでみてください。

内圧が十分高まると、今度は自らそれを発信したいという意識になります。これも、自然な流れで湧き上がってくるものです。


このお話をすると、待つ、委ねる、という言葉に、人それぞれ様々な反応があることに気づきます。

・何かしら、動いていないと不安だ。
・世界に取り残されてしまうような気がする。
・自分から積極的に行動を起こすことが正しいと思う。
・迅速な行動をする人が、デキる人間だと思う。
・待っていても仕方ないので、新しいことに挑戦していった方がいいのではないか？
などなど。

これらは、今まで社会から教わってきたことですし、良かれと思ってきたことがベースになっていると思います。

ただ、「〜すべき」「〜でなければいけない」という思考で捉えた行動は、自分の内側から湧き上がる好きに従ったものではないことに気づけるでしょうか。

また、自分の内側に焦りや不安があり、エゴの不足を満たすことが原動力になって思考で行動してしまっている時にもこのパターンが現れます。

シンプルな好き、を原動力にしているつもりでも、潜在意識に不安があると、早く動き出したくなるのです。

その時は「自分の思い通りに世界を変えたいというエゴが残っているのか！」と自分を知るサインだと感じてみてください。

落ち着かないまま外側を動かしても、今の自分の内側が結果として現れるだけです。

「早く良い結果が出ないかな！」「早く変わってくれないかな！」と思ったら、その期待や不安に、「どうして焦ってしまうの？　なぜ不安になるの？」と、自分に問いかけ、エゴの声を聞き取ったら、お掃除ワークをして、内側を整えましょう。

心が穏やかに落ち着くまで、お掃除ワークです。

この本で伝えていることは、とにかく内側に意識を向ける、ということ。

とてもシンプルなこと。

けれども、これまでの常識をひっくり返さないと難しく感じることです。

お掃除ワークを継続していくには、自分の内側にいかに集中するか？　が大切、と伝えてきましたが、お掃除ワークを終えた後も、引き続き、自分の内側に集中し続けてください。

## 人のせいにする生き方を終わりにする

エゴは、自分が望む形の安心安定がもらえなかった、と不足感を抱え、他者にそれを埋めてもらおうと期待している、依存状態の過去の〈私〉です。

その不足感は自分の内側に焦りや不安として存在し、それと向き合うことが苦手な人は、落ち着かないので、外側に飛び出してしまいます。

その依存を持ったエゴが原動力になった状態で、外側の世界に自分の期待を埋めてくれる人を探しにいくということです。

例えば、顕在意識では気づかなくても、潜在意識にお金の不安を抱えた状態で、仕事の場面で自分の企画をプレゼンしたとします。

目の前の人は、

「なぜそうしたいの？　いくらなの？　いつやりたいの？」

などの質問をしてきます。

この質問は、何が好きで、何が嫌いか？　というシンプルなことを問いかけられているということが分かりますか？


この時に、自分の中の好きと嫌いを明確にしているか？　ということが明らかになります。

なぜそうしたいのか？　いくらがいいのか？　いつやりたいのか？

その答えは自分の内側と繋がり、徹底して自分に問いかけ、自分から導き出す、ということです。

お掃除ワークを進め、エゴや依存を手放していくと、自分の中に好きと嫌いが明確になって整う、ということをこれまでお伝えしてきましたが、その準備ができている方は、「なぜそうしたいの？」と質問されたら、自分の内側で明確にした好きな世界を発信するのみです。

依存を持っている場合は、自分の責任を回避するので、好きな世界を明言できません。

自分の中の答えを持っていないので、質問に責められているような気がしてしまいます。

「どうしたらいいと思いますか？」と相手に問いを返し、それに答えてくれない人だったとしたら、その人から逃げ出します。

そして新たに他の人を探し、自分と一致する人に出会うかもしれませんが、それは、自分で物事を決定することを避け、同じように依存し合う人や、支配のエネルギーを持った人となります。

最終的にその関係は発展せずにぶつかり合って終わりになります。

依存状態で進めたドラマは、どこまでいっても、最後は「自分が望む形の安心安定がもらえなかった」と不足感を感じて止まってしまうのです。

このパターンを終わりにする為には、自分の好きの世界が具現化されたドラマが止まってしまった時に、一旦立ち止まり、自分と向き合うことです。

ドラマが中途半端で止まる時は、修正や見直しのきっかけを与えられたということ。

それと向き合わずに諦めると、現実の世界では、そこで行き止まり。ゲーム終了です。

進む為には、自分の内側と向き合い、これまでのパターンを終わらせてから、リスタートすることです。

お掃除ワークをすることは、その自分と向き合い、どうして諦めたのか？　何が怖いのか？

問いかけて、諦めて閉めてしまった扉を突破して、その先の奥行きを進んでいく作業です。奥行きを進んでいく、とは、誰かのせいで望む形が手に入れられなかった、と諦めているエゴを手放して、さらに自分の中の好きと嫌いを因数分解して、進む先のベクトルを明確にすることです。

自分の内側に、より明確な好きのベクトルが示されたら、現実の世界でゲームが再開されます。

エネルギーは意識した方向にしか流れません。

「努力しているのに報われない」

この理由は、自分の内側に答えがあります。

そこから逃げると、外側が動かない、外側のせい、あの人のせい、と捉え、変わらない自分のパターンを抱えたまま、現実をさまよい続けます。

前に進みたいのに、なかなか思ったような変化や結果が現れない、という方は、自分を変えないままでいた、これまでのパターンを「終わらせる」というサインだと思ってください。

そして、一旦立ち止まって、自分の内側に存在してみてください。

## Column／お掃除ワークをした方からの質問

実際に〈重たいエネルギーを手放すお掃除ワーク〉を実践すると、疑問や質問が出てきます。

これまでに多く寄せられた質問をQ＆A方式でまとめていますので、お掃除ワークを実践して、立ち止まってしまった際の参考にしてみてください。

Q **沢山お掃除ワークをしたけれど、相手や、これまでの状況が全く変わりません。**

A これは、自分は変わらないまま、相手を変えたい、自分のペースで状況を変えたい、というエゴの声です。

お掃除ワークの目的は、自分の内側にある、何かや誰かに対してエゴが抱え続けていた、重たいエネルギーを手放すこと。そして、自分で現実を動かそうとするパターンの手放しです。

それらをしっかり手放せていないと、相手や状況を変えようとするエゴが残ってしまいます。

質問のように、相手や状況が全く変わらない、と思っている時は、まだまだそのエゴが残っているサインだと思ってください。

**今の状況にうんざりして、お掃除ワークを沢山しました。実際に自分は変わったつもりだけど、なかなか現実に変化が現れません。**

A

なかなか変化が感じられない、といった質問もよくあります。

私は、

「自分の嫌いをお掃除ワークで手放した後に、明確な好きな世界を認識しましたか？」

と質問します。

それをしていなかった場合は、ワークをして空いたスペースに、うんざりしたその体験を通して気づいた好きな世界をしっかりとイメージして潜在意識の状態を整えてください。

自分の好きを明確にイメージする際は、訪れる変化を受け入れる覚悟も必要です。

この段階で、自分は変わらないまま、状況や相手を変えたい、と思ってしまうエゴが残っている場合は、何度もお掃除ワークを繰り返してください。

## Q 直接相手に伝えてはいけないの？

A お掃除ワークで相手に伝えているものは、エゴです。エゴを排出するには、言いたかった相手に伝える、ということが必要ですが、それはお掃除ワークのイメージの中で完結させてください。

現実の世界で目の前の相手に直接伝えたいというのは、分からせたい、言い負かしたい、など個人の感情や欲求を満たそうと、外側の世界をコントロールしたくなるエゴの衝動です。エゴが現実の世界に現れると、〈全体〉の中で〈私〉を振り回している状態になります。それはエゴを手放したことにはなりません。

結果的に、対立したり、口喧嘩、相手が怒り出す、ということが起き、裁判沙汰にも発展することがあります。

お掃除ワークを進めていくと、現実世界でシンプルに感情のみを伝えられる自分になっていきます。

シンプルな感情とは、相手を変えたい、分からせたいというエゴが消えた、自分の中の本音です。

現実の世界で、目の前の相手に真っすぐな感情を伝えた時は、対立のエネルギーは起きないことに気づきます。その言葉は相手の感情に共鳴し、コントロールなどしなくても、相手が自ら考える、という結果になるからです。

感情を伝えたと思っていても、現実世界で対立が現れたなら、エゴで伝えていたのだな、と思ってください。

エゴは、感情と思考がねじれている状態です。相手の感情ではなく、思考に共鳴します。

## Q 本当にイメージの世界で変われるの？

これまで私たちが教わり、伝えられてきたことは、

「結果が全てだ」

「なんの為にそれをするのか、答えられないとダメ」

「形にならないと意味がない」

そういった、形ありき、結果ありき、ということだったと思います。

言い換えれば、豊かさや成功といった認識も、社会からは物質的価値で測られて、

〈現実の世界で結果を出す、形にする〉

ということが当たり前のことのように染みついていると思います。

そして、自分のイメージや願いを、三次元に直結させて、自分の頑張りで形にしてきました。

形にしないといけない、と思い込んでいた、と言った方が正解でしょうか。

その延長線上で手放しをすると、頭では、イメージが先、と分かっていても、ついつい癖のように、先に現実の世界を動かそうとしてしまう自分がいます。

この世界を見渡してみてください。

全て、形ないものが先に動き、後に形となって現れる、という仕組みで成り立っています。

今、手にしている全ての形あるものも、自分には視えないところで誰かが形にして視える化してくれた結果です。

インターネットを通して便利な生活が浸透していますが、目には視えないWi-Fiが先に作動して、目の前の画面に欲しい情報が現れます。

私たちがなにか行動を起こす前には「こうしたい」などとイメージや願望を先に働かせます。

今の自分も、記憶にはない過去が作りだした結果です。

手放しの為のお掃除ワークも同じ仕組みです。

目の前の現実を動かすのではなく、視えない潜在意識を先に整えるのです。

形ないものを先に変える。

結果は後から形となって現れます。

**Q お掃除ワークで、相手に伝えたエネルギーを集合無意識に送る時、集合無意識はどんなイメージをしますか？**

A 集合無意識のイメージは人それぞれです。上空に黒いブラックホールのような空間を思い描いて、そこに吸い込まれるイメージをする人、足元に大きな穴をイメージしてそれを集合無意識とする人、夜空を集合無意識とイメージする人。イメージは自由です。大切なのは、「集合無意識に送ります」と、行き先を認識することです。

## Q 伝えたい相手が自分ということはありますか？

A 自分に怒りが湧いてくる、と言われる方がいます。お掃除ワークの際は、伝えたい相手は、自分以外の外側、他者です。

自分に怒りがある、ダメ出しをする、というのは、自虐、自分のせいという固定観念からくるものです。現れたものをそのまま潜在意識に押し戻すことになります。

丁寧に自分の内側に問いかけていくと、必ず、誰かや状況に対して感情が動いていることに気づきます。目の前のドラマを通して湧き上がった感情だからです。

自分を責める前に、例えば、負けた悔しさや嫉妬などがあったとしたら、誰に嫉妬したのか？　と問いかけてみてください。そして現れた相手に、イメージの中で、しっかりと悔しさや嫉妬心、無念さや未練を出しきってください。

目の前に誰もいない、という場合もありますが、実際は、誰にいてほしかったか？　助けてほしかったか？　と、自分に聞くと、伝えたかった相手が現れてきます。

**Q 自分のことについてよく理解できたので、スッキリしました。お掃除ワークをしなくても大丈夫ですか？**

A 自分のことが理解できた、何を伝えたかったか分かった、という段階で終わりにしてしまうと、潜在意識に抱えたままのエネルギーはどこにも排出されず、同じパターンのドラマが現実で繰り返されます。繰り返されるパターンを終わらせたいときは、しっかりとお掃除ワークまで完了させてください。

また、伝える、という行為は、内側から外側にエネルギーを排出して循環を促す大切なことです。お掃除ワークでは、その循環するパワーを取り戻す為にも、しっかりとイメージで伝えることを大切にしています。

**Q イメージで思いを伝えることで、自分に返ってくる、もしくは相手に伝わる、ということはないですか？**

A 自分に返ってくる、ということや、自分の怒りが相手に伝わる、ということは、潜在意識の中にそのドラマを抱えたままの状態だからです。

潜在意識という個人領域の中で気づかないまま抱えているエネルギーは、常に集合無意識にアップロードされていますし、また、この現実においても、潜在意識の状態は、体表面から不可視なエネルギーとして漏れています。自分では気づきませんが、感覚が良い人であれば、その漏れたエネルギーを見抜きます。笑っているけど内心は怒っている、平気なフリをしているけど疲弊している、といったように。

結果的に、自分の本音を感じないフリをしたとしても、いずれ自分の目の前に再現ドラマとして現れてきます。

お掃除ワークは、抱えていたエネルギーを三次元で吐き出す、ということではありません。相手にはイメージで伝え、最終的に集合無意識、という五次元までそのエネルギーを送り返して完結です。

それによって、私個人の為になんとかする、というエゴは消滅し、その後の流れは集合無意識にお任せした、という状態になります。

委ねた先の集合無意識は、私たちという全体にとって良くなる為の作用をします。

お掃除ワークで相手に伝えたものが、相手への依存、自己本位なエゴだった場合、それは全体の為にはならないので、集合無意識は作用せずに、そのエネルギーは消滅します。三次元から消滅するだけです。ドラマも起きません。

伝えた内容が相手にとって気づく必要があることならば、集合無意識が、その相手に伝える最善な人を見つけ出し、三次元でその人の前にドラマを作ります。

自分の潜在意識に抱えた状態では、「自分がなんとかしたい」というエゴとなりますが、集合無意識まで送り返すことで、「宇宙が決める」ということになります。

是非、それを体験してみてください。

**Q お掃除ワークの後は相手に対して何もしない状態でいる、ということを具体的に教えてください。**

A 何もしない状態とは、三次元の現実に、相手とのドラマが現れてくるまで、相手の境界線を自ら踏み込んで行動を起こさなくていい、ということです。

その相手について囚われてしまった時は、イメージで全てを伝えお掃除ワークを繰り返していく。そして、そのことを手放して、自分の境界線の中にある目の前の日々をしっかりと生きていくのみです。

相手や状況に囚われていた自分を忘れるほどの状態になった時、自分自身は変化しており、これまでの自分を手放したことによるギフトが宇宙から届きます。

その内容も、自分にとって最高最善な形でやってくるので、どんなギフトがくるのかな？と楽しみながら流れに身を委ねられたら最高です。

**Q 人のせいにしないということは、自分を制している必要な固定観念ではないの？**

A 人のせいにしない、という固定観念は、潜在意識に抱え込んだエゴをお掃除ワークで排出しようとしても、それを抑え込みます。エゴは、誰かとのドラマを通して湧き上がったエネルギーなので、「あの人のせいで」と思う気持ちを言わずに我慢したまま、潜在意識に抱え込みます。そのエネルギーが現実に映し出された時、「あの人のせいでこうなった！」と思ってしまうドラマが再現されます。表向きは我慢強い自分を演じていても、内心、人のせいにしてしまう自分から脱却できなくなってしまいます。

固定観念を外して、それを手放しましょう。もちろん、それは三次元ではなく、五次元に送り返します。その際は、イメージでその相手に、思う存分「あなたのせいでこうなった」と、エゴの声を出しきってあげてください。気づくと、人のせいにするパターンは、自分から消えていきます。

## Q お掃除ワークが止まってしまう時は？

A お掃除ワークを進めた人のほとんどが、あるところで、

「最初はお掃除ワークがとてもスムーズに進み、目の前の現実もどんどん変化して効果を実感した。モヤモヤしても、すぐにお掃除ワークをすることで、あースッキリした！ となっていたのだけど、それも束の間、その奥にまだ抱えていた傷が眠っていることに気づく。その傷に気づけば気づくほど、うんざりしたり、受け入れられなかったりと、見たくなかった自分にドンドン出会っていく。軽くなるかと思いきや、進めれば進めるほど、しんどくなる」

と言います。

お掃除ワークを進めるほどに、潜在意識に眠っていた、これまで忘れていて気づかなかったこと、受け取る準備ができていなかったことが現れ、自分の内側の階段を下りていく足取りが重くなっていきます。

お掃除ワークをすれば、その先は楽なことが続くと思っていた方は、「全く楽にならない」と嘆くこともあります。

実際は、階段を下りるごとに、以前の自分からは大きく変容しているのですが、さらに奥行きが出てくるという状態は、よりお掃除ワークにもパワーが必要となるからです。

その為、疲れたら休む、が基本です。

止まること、休むことで不安になるという声も聞きますが、その現象も自分に必要だから起きています。焦る必要は全くありません。

ご自身のペースを大切に、日々を過ごし、次の階段を下りる状態が整ったら、また、タイミングは現れてきます。

何をすればいいのだろう？　と、自分の内側を探らなくても、また視ないままにしていても、内側で抱えたものは目の前のドラマに現れてきます。

目の前のドラマを通して、次に手放していくパターンはなんなのか、分かってきます。

**Q 好きな世界が中途半端な形で現象化しました。お掃除ワークが中途半端なのでしょうか？**

A とても待ち望んだ状況が目の前に現れた！　と喜んだのも束の間。その望みが叶わなくなってしまった、ということもよく伝えられます。

例えば、

大好きな人が出演する公演を観に行くチケットが取れた。

↓

当日になって、休演になってしまった。

営業努力をしてきた会社と念願の契約をする約束の日が決まった。

↓

急遽契約取りやめに。他の会社と契約することになったらしい。

このように、待ち望んだ展開が現実に訪れたものの、大きな失望に変わったという状態。こんな時は、これまでの人生の中で、大きなワクワクが失望に変わる、という経験がなかったか？　自分に問いかけてみてください。

ワクワクした状態まで引き寄せられているけれど、同時に、叶わなくて失望したことを潜在意識に抱え込んでいるかもしれません。

手が届きそうで届かなかったということを「仕方ないよね」と諦めていた自分がいませんか？　本当は悲しかった、悔しかった、そんな声が聞こえてきたら、お掃除ワークをしましょう。この状態を抱えている時は、まだ来ない未来に期待してワクワクすることができず、不安に囚われて日々を過ごすことになります。

お掃除ワークをしっかり完了した！　つもりなのに、期待外れの失望を体験したら、叶わないことにも、意味があるということに気づかされるかもしれません。

自分自身の準備不足や、それよりも先に向き合うものを後回しにしているよ、というサインかもしれません。

三次元の現実には、自分の感覚と共鳴するサインが溢れています。

エゴは、それを見過ごしてしまいます。

自分の内側に存在し、進める速度を緩める。

感覚を研ぎ澄ませて目の前の世界を見渡してみてください。

失望はエゴの声です。お掃除ワークをして、自分の状態を整えて、待つ。

どう現れてくるかは委ねてみてください。

この失望があったおかげで、望んだものを受け取ることができた時には、大きな喜びとなっているということを是非体験してみてください。

Q **自分のエゴが深すぎて強すぎて、嫌になります。**

私たちのエゴは、想像以上に潜在意識の中に眠っています。

そして、お掃除ワークで手放したいのは、抱えたままの、外側の世界に依存していたエゴです。

それは、誰かに依存しなければ生きてこられなかった小さい頃に、誰かに甘えたり自分を主張した時、「みんなのことを考えなさい」「自分勝手だよ」と言われてきてしまい、我慢することで潜在意識に抱え込んできた自分自身です。

これから進んでいく道程は、自分のエゴをしっかりと構築して体験を完了させ、手放す。この繰り返しです。そして、エゴという個人意識を体験し尽くして、全体意識へと反転を繰り返していく旅です。

エゴが少なければ、反転した対極の世界に現れる全体意識も少なくなります。

闇と光は常に相似形で現れます。

エゴの極まで味わうほどに、反転した世界は拡大していきます。

**だからこそ、潜在意識の中に眠らせたエゴは大切な私であり、嫌う必要も憎む必要もありません。**

むしろ愛すべき自分なのです。

**Q お掃除ワークはどこから教わったのですか？**

本書の中のお掃除ワークは、独自に考案したものです。

きっかけは、私が開催するレイキ講座を通して、レイキというエネルギーワーク、また遠隔ヒーリングを実践する上で、集合無意識との密接な関わりを信頼できたからでした。

溢れてしまうエゴの排出に苦しんでいる状態を、実験のようにイメージの世界で伝え、集合無意識という宇宙に委ねる、というワークをクライアントさんたちと重ねていき、効果を感じ、変化が起きているという私なりのデータを蓄積して、十年来お伝えさせていただいています。

何者かになって周囲に認められる自分にならなければいけない！　このままでは価値がない！　と頑張っていた自分を手放す。

## 手放しの第四段階

第三段階の手放し「誰かの期待に応えてきた自分を手放す」が定着してくると、自分の内側を下りてきた階段の距離も長くなり、自分の中の奥行きはさらに深まっていきます。

自分のエゴが現れては手放す速度も進み、その度に自分の一部としてエゴが昇華されます。

階段を下りるごとに、出会うエゴが抱えているエネルギーもパワフルになります。

それが映し出された現実では、自分に様々な側面があることを発見できるドラマが起こり始めます。

お掃除ワーク後に現れた好きな世界で新しい体験が始まると、そのドラマの中に新たな嫌いを発見し、さらに自分の好きと嫌いが明確になっていきます。

これまで合わせられていた人間関係も、合わないな、と思うと、一緒にいられなくなる感覚が強まります。

歓びや幸福感が増えると同時に、失望や未練、執着も深まっていきます。

手放していなかった、強く握りしめていた依存があることを、さらに思い知る体験も起こり始めます。

両親に対しては、これまでの苛立ちレベルではなく、怒り狂うほどの感情が湧き上がってきます。

想像していなかった衝撃的な出来事なども起き、毎日のドラマもジェットコースターのような急展開が続きます。

これまでの自分の人生ではないようなスピード感に、ついてこられるか？　と試されているような感覚です。

そんな中、潜在意識のかなり深いところに眠っていた古い記憶が一気に出てくる、という不思議な現象を体験し始めます。

例えば……

友人との集まりで、他愛のない会話をしていた際、自分に向けられたある一言をきっかけに、突然自分の中から強烈な怒りが湧き上がった。なんとかその場は切り抜けたものの、家に帰ってからその怒りを観察してみる。過去にも同じシチュエーションがあったな……、と自分の内側の階段を下りて記憶を辿り始めた途端、忘れていたドラマがフラッシュバックして驚く。

記憶から蘇ったのは幼稚園の時の自分。友達にバカにされて感情が高ぶり、怒りをぶつけてしまって以来、数人の友達に避けられるようになった。その時に抱えこんだ不安や深い悲しみが鮮明に思い出されたと同時に、ダムが決壊したように震えるほどの嗚咽が溢れた。

もうこれ以上、出てくるものがない、というほどドロドロした感情を味わった時、内側の深いところに眠っていた記憶と、今日、目の前で展開されたドラマが急速に繋がり始めた。

これまで繰り返してきたパターンの始まりは、幼少期のこの体験だった！　と、腑に落ちる。

このように、階段を下りていくほどに、潜在意識の深いところに眠っていた古い記憶が突然蘇る、ということが起きます。

そこには、抑圧がなかった幼い頃の、感情や欲求を爆発させていた自分、それを抑えつけられて深く傷ついている自分など、今の自分とは全く違う自分がいることに驚きます。

それは、大人になった自分が最も否定してきた姿だったりします。

例えば……

・一番になりたいと思っていたけど、一番になれなかった。本当はものすごく悔しかった！
・あの人の愛情を独占したかったけど、できなかったことが悔しくて仕方なかった！
・始めてしまったから最後までやり抜いたけど、実際はやめたくて逃げ出したかった！
・弱音を吐いてはいけないと強がったけど、本当はすごく怖かった。誰かに助けてほしかった！

エゴの声は自分自身を圧倒するほど強烈に、「助けて！　もう嫌だ！」と訴えてきます。

それと同時に、もうこれ以上見たくない、知りたくない、と抵抗する扉が現れます。

・こんなことをしたら愛されなくなる。
・これを失うなら死んだ方がマシ。
・生きている意味が分からない。何もかも嫌になる。

その先に進むことを阻む扉はかなり頑丈です。

「消えてなくなりたい。死にたくなる」
扉にはそう書かれています。
ここで現れる固定観念は、自分が壊れてしまうような感覚、失う恐怖、絶望感という抵抗を突破しないと外せません。

これらの言葉をいつかの誰かに言われたことはありませんか？

・生まれてこなければよかったのに。
・誰にも相手にされなくなるよ。
・なんの役にも立たないね。

これらの言葉は誰から言われたのでしょうか？


この段階になると、深い依存を抱えた幼少期のエゴが出てきます。

その頃、目の前にいたのは、一人では生きていけない自分を育む両親や身近な家族です。

本来のままに、溢れ出る本能や欲求、感情を吐き出していた自分は、ある時、最も信頼し愛する存在に、その状態を否定され拒絶されて傷つきました。

また、直接自分が抑圧を受けていなくても、目の前の家庭環境や人間関係でのドラマの中で交わされる会話などを通して、その考え方や価値観などに強い抵抗を感じたり悩んだりしますが、当時の自分はそれを言葉や行動に表せず、真水の状態の潜在意識に他者の考えをどんどん抱え込みました。

気づくとそれらは自分を主語にした固定観念になっていきました。

本来のままの自分に価値はない。

言うことに従い、期待に応えることで、愛される、意識を向けてもらえる、という交換条件に初めは抗っていたものの、やがて、その交換条件をのまないと、愛されない、生きていけない、という恐怖や不安に耐えられず、本来の自分の価値を抑え込み、相手の価値観を身につけようと一生懸命努力してきました。

「言うことを聞かないとお化けが来るよ」「明日からもうご飯食べさせないからね」

そんな一言でさえも、依存時期の幼い自分にとっては大きな恐怖でした。

生き抜く為には目の前の状況に愛されることが全てでした。

扉を開けようとすると、「消えてなくなりたい」「死にたくなる」と出てくる抵抗は、当時の自分が、「独りになってしまう」「愛されなくなってしまう」という恐怖を感じて、自分を抑え込む為に扉を閉めた際に発した声ということです。

今の自分が感じているのではありません。過去の自分の声であり幻想です。

今の自分が飲み込まれないようにしてください。

ここは客観的に見る力が必要なところです。

自分がなくなってしまう、死んだ方がマシ、消えたくなる、という状態は、強い恐怖や不安を感じますが、これは、本来の自分を抑え込み始めた頃に近づいている大切なサインです。魂が存在する自分の中心に近づいている証(あかし)です。

そこには、通過しないと進めない、大きな固定観念の扉があります。

なぜならそれは、自分のものだと信じて疑わなかった固定観念であり、お返しする先は、心から尊敬する人、愛する人、そして両親だからです。

固定観念を外すことは、同時にその相手からの自立となります。

自分の中心としていた生きる目標や価値観は、相手の価値観だったことを認めたくない。

これまで信じて注いできたエネルギーに対する執着。

失くしてしまったら、自分には何も残らないのではないのか？　という虚無感。

そして、この自分では愛される価値がないと思い、必死に抑え込んできたあの頃の自分が現れることとの恐怖。

様々なエゴの葛藤が襲いかかってくる時です。

この葛藤を抜けるには、

「これはあなたの価値観でした。お返しします。あなたから卒業します」

と、自分自身が大きな宣言をしないと、そこから自立する、と決められません。

決断ができたら、その相手を認識して、《固定観念を外すワーク》（106ページ）をしてください。

抵抗する扉を開けたら、また進んでいきましょう。

扉を開けた先で出会うエゴが訴えてくる不安や恐怖、不満や恨みなど、幼い頃の自分のエネルギーと向き合うことはしんどいですが、拒絶せずに「これを自分は抱えてきたんだ」と受け止めてください。

抱えていたエネルギーを味わいきった後に《重たいエネルギーを手放すお掃除ワーク》（152ページ）で、エゴの声を伝えたい相手にしっかりとイメージで伝えます。

津波のように湧き上がるエネルギーも、出しきった後には凪が訪れます。

お掃除ワークの後は、自分の中に大きな穴がポッカリと空いた寂しさや虚無感が出てくる場合があります。その位、自分の中の存在として大きかったということです。

このエゴを潜在意識から手放した後、反転作用が自動的に起こります。

大きな恐れを突破した自分は、現実の世界に対して、不安や恐怖が薄くなっていることに気づきます。

・心から「きっとなんとかなる」と自分を信じられる強さが生まれます。

・未来や過去に意識を引っ張られることがなくなり、ブレないとはこういうことなのか、と自分の中の軸を感じられます。

・生まれ変わった自分の前に、これまで以上に明確になった好きな世界が現れ、より自分の可能性が拡げられる仕事、パートナー、仲間、環境が、探しに行かなくても目の前に現れます。

より明確な好きな世界とは、かつての自分が、大切な人から愛される為に必死に抑え込んでいた本来の自分のままで、愛やお金や人間関係に愛される、という世界です。

頑張って嫌いなことを克服していた自分を手放し、これまで我慢していた好きなことを思う存分に表現する世界。

そこにはこれまでの抑圧の大きさだけ、大きな歓喜が湧き上がる体験があります。

かつての自分が我慢していた好きな世界は、お掃除ワークをする過程で、より深く自分と向き合うことで思い出すことができます。

自分の内側の奥行きを深めていきましょう。

**「何者かになって周囲に認められる自分にならなければいけない！　このままでは価値がない！　と頑張っていた自分を手放す」**

これが、手放しの第四段階です。

## ラスボスは両親

第四段階に現れる扉を開ける際には、硬化して自分の一部となってしまった固定観念を、打ち砕くような大きな衝撃がともないます。

奥行きの深いところに眠っていた、幼少期に抱えたエゴの手放しは、これまでの自分を大きくひっくり返すほどの自己破壊となるので、抵抗もこれまで以上に強烈です。

潜在意識から幼少期の強力なパワーを抱えたエゴを手放そうとすると、現実には、相当大きな衝撃を感じさせるドラマが展開されます。

目の前のドラマは潜在意識が映し出した幻想だと気づけないと、内側のエゴを手放さないまま、外側の世界を終わりにしようとしたり、破壊しようとするなど、自分自身がその幻想に飲み込まれます。

それを言葉に当てはめると、死にたくなる、というショッキングな言葉になることもありますが、これまで自分だと思っていたものを手放して終わらせる際のエネルギーの排出が、どれほど大きいものかを表現する為に当てはめた言葉だということを、潜在意識の仕組みを理解してきた方は、納得できると思います。

ここを突破するには、相当な精神力や、意識の次元上昇の際の抵抗に対する耐性が必要ですが、ここを抜けた後には、それに比例した解放感や自由度が拡がることを信頼して進んでください。

その状態を経験したクライアントさんからいただいた一通の書簡を紹介します。

『ある日、白髪チェックをしていたら、ハゲを発見しました。一つではありませんでした。何かの病気？　ストレス？　と思い巡らせて浮かんだのは、三か月前にあった数日間の研修中に受けたパワハラです。激しいストレスを感じつつも、慣れない研修とあって、何も考えられないまま過ぎた最終日、涙がボタボタと垂れていました。

思い当たる原因はそれしかない……。

すぐに皮膚科を受診したその帰り道、母から電話がかかってきました。

「ハゲたので病院に行った」と伝えると、

「そんな……」と、母はボソッと呟き、その後は、全くどうでもよい話をされて電話は終了。

「やっぱりな……無理だな……」

このところ、母への不満が溢れてきていたけれど、その気持ちをなんとか誤魔化して過ごしてきました。

この電話のやりとりで、心底母に対して失望すると同時に、ものすごい怒りが湧き始めました。

そして全てが嫌になりました。

私の怒りも漏れ出ていたのだと思います。

毎日抜け続ける髪の毛に対抗するように、母は「気にしすぎだ！　○○のせいだ！」といろいろな角度から、母以外の原因を探し、しまいには、ハゲ用薬のサンプルを渡してきました。

暴れたいのはこっちなのに、母は「私のせいじゃない！」と主張してくる。

母に対する不満が溢れてきたのは、ハゲ発覚の三か月ほど前。振り返れば同じ時期にパワハラを受けた研修がありました。

自分が大切にしている大好きな世界を、母に伝えた時、徹底的に否定されました。

ただ自分の好きを表明しただけなのに、全否定された。

「生きている意味がないな」。そう感じるほどに悲しさが溢れてきました。

それ以来、コロナを恐れ大騒ぎする母が私の夫や子供たちを菌扱いしたり、自分のルールに従わない娘の私を徹底的に攻撃してきては、怒りが湧くようになりましたが、子供の面倒を見てもらえないと困るという不安が湧き、その時は自分の気持ちを認めることができませんでした。

ハゲはその後も増え、自分が惨めで悲しい。お風呂に入って髪の毛が抜けるのが怖い。そんなどん底にいる私を母はさらに責めてきました。

電話の一件から、母に対して完全に失望した私とは裏腹に、最後は理解し合えると思い込んでいる母。

どんなことをしても私の境界線を侵してこようとします。

今までは、気づかないフリ、馬鹿なフリ、先回りしていい娘を嫌々でも演じられましたが、すでにそんな気力はありませんでした。

常日頃「死という言葉は使うな」と言われていた私にとって、一番言ってはいけないワードが腹の奥底から湧き上がっては、夫と子供の前で「死にたい、生きている意味なんてない!!」と叫びドロドロに泣きました。

全身がだるく、食欲もない。弱音など吐かなかった私が、もうこれまでのように外側に気を遣うことができずに、職場に体調不良の為に通常通りの勤務は無理だからとフレックスとテレワークを申請しました。

母とは距離を置くようにして過ごしましたが、ある時、母からの電話がしつこく鳴り、全部伝えようと覚悟して、逃げていた電話に出ました。遠慮しながらも言いたいことは伝えられたのですが、収拾はつかず、最終的には「祖母の介護を頑張り過ぎたんだよ」と母を励まし称賛していた私。

また繰り返している……。こうやって何十年も母の良き相談相手として奉仕してきた。私はそんなことをする為に生まれてきたのではない!!

怒りがさらに湧いても、すでに対抗する力はなく、引っ越しするか？　と本気で考えました。まずは物理的な距離を置くことしか、母から逃れられる方法は思いつきませんでした。

会社では上司の女性からパワハラをさらに受け、ハゲが増えていきます。

家でも職場でも心安らぐ場所がない！

「死んで消えたい」と再び夫と子供の前で吐き出した時、母の前でいい娘を演じてきた過去の私を捨てる覚悟がつきました。

自分を生きていなかったこと。

誰かの為に生きようと無理をしてきたこと。

もともと、自分という存在は何者でもなく、何も持っていなかったこと。どれだけ何かに依存し、周りの目を気にして、外側意識で生きてきたのだろう……。覚悟をした途端、これまでの自分を冷静に眺めている私がいました。

年上の女性が昔から苦手だったのは、

「相手を立てないと」

「気を遣わないと」

「良い人でいないと」

という、母親にとっての常識に私が従うよう、母からは強い圧力をかけられていたからだと思います。

上司の女性から、理不尽な嫌がらせを受けた際も、

「申し訳ございません、私の準備不足で」と平謝りする私でした。

なんという屈辱だろう。こうやって、力のない存在として自分を抑え込んでは、自分を自分で傷つけていたのです。

ここ数年、自分にとってのラスボスは母なのか？　と薄々は感じていましたが、人生に大きな影響を与えた母を私から引き抜く行為は、これまで生きてきた日々、自分の存在を全否定することのようで、拒んでいたのだと思います。

今回、症状として出てしまったハゲによって、忘れていた幼少期の体験・トラウマが芋づる式になってしまった状態では、降参するしかありませんでした。

職場で起きたパワハラも、相手のせいで、ということではなく、私の内側に傷があり、その傷に塩を塗られる度に、疼き、衝撃を受けていただけでした。その傷を徹底的に手放さない限り、同じドラマの繰り返しであることも分かりました。

どこに行っても、人を変え、場面を変えて、同じ傷を受けるドラマが現れてきます。潜在意識に落としてしまった傷の分だけ、私が私を破壊し、それによって生きにくさを人一倍感じてきたのだと、今は理解できます。

ここまできて、起こるドラマに反応する自分を発見する度に、手放しなんだなと、自分と徹底的に向き合う覚悟ができました。

その日にあった、上司の「あれが嫌、これが嫌」から始まり、母と関わる度に気づく恐ろしいほどの数の固定観念を丁寧に徹底的に外すことが先決なのだな、と。

まだまだ、完全なるゼロになることはないですが、ゼロの方向へ向いていきたいと願う私がいます。』

## これまで抑え込んできたありのままの自分に出会う

第四段階まで進み、階段を下りては出会う自分を知っていくほどに、それを受け入れお掃除ワークをすることに労力が必要となります。幼少期の自分に近づいていくわけですが、それほど幼い頃の自分はパワフルなのです。

映し出された目の前の現実ドラマでは、怒りを手放したと思っても、その奥にはさらに深い怒りがあり、またその奥には悲しみや憎しみがある、といったように、一つの感情の極に辿り着くまでに、相当な奥行きがあることを体験します。

固定観念を外したと思っても、次々と現れ、どれだけの枠の中で自分は生きていたのだろう！　と愕然とするほどです。

身体は、出したことのないエネルギーを排出する為に疲弊します。

お掃除ワークをして、さらなる奥行きから現れた自分のエゴと向き合い、抱え込んでいた四つのエネルギーに問いかける。

自分への問いかけは知恵を使う作業でもありますが、ここで、まだ自分の中にある好きと嫌いを明確にしていくことはとても重要なことです。

この段階まで来ると、自分のドラマを客観的に見て観察することができるようになっていると思いますが、より自分の本質、奥底にあるものを見抜く為に、洞察力が必要となります。

この段階で現れてくる好きな世界は、魂を中心軸として生きていた本来のままの自分が抑え込んだ、最も得意なことだからです。

問いかけ方の例として、Chapter 09でご紹介したDさんのその後の流れを参考の為にご紹介します。

これまでの流れを振り返ります。

Dさんは、ある日、職場で男性の上司から理不尽な叱責を受けたことをきっかけに身体の異変を感じ、休養を取った。

「これまでの人生で、いつも同じようなタイプの人を前に、私は我慢してしまう」と気づいてから、お掃除ワークを始めてみた。お掃除ワークを完了して、後日出勤すると、休養の原因になった上司との関係は変化して良好になっていった。

このような流れでした。

さて、ここからは、その後のDさんの状態です。

Dさんは、好きな世界が現実の中でいくつも現れ、軽やかに変化した自分を体験する嬉しい日々を過ごします。それに反して、仕事を終え、仲間との楽しい時間を過ごし家に帰ると、家の中が重苦しく、非常に居心地が悪いと感じるようになってしまいました。

特に、父親と接していると、これまでにないほど疲労を感じるようになります。いつも通りの父親なのですが、一緒にいるだけで軽やかな自分が毒されてしまうような感覚です。昔から変わらないな、と思うと異様に腹立たしくなってきます。

ある時、仕事が終わって自分の部屋でのんびりしていると、父親が、用件を頼んできます。「ちょっと待って」と返事をすると、父親は突然怒鳴り始めました。

それをきっかけに、Dさんの中から感じたことのない怒りが噴出し、初めて怒鳴り返してしまいました。父親とは大喧嘩になり、口を利かない状態となりましたが、翌朝、また身体に異変が起きました。会社の上司に叱責されて休養した時の症状と同じです。

Dさんはまた、会社を休み休養することになります。

Dさんの中には、父親のせいでこんなことに、という悔しさ、居なくなってほしいと思うほどの怒り、分かり合えないことへの失望など、今まで感じたことのない苦しみが渦巻きます。布団の中で、これ以上は泣けない、というほど泣き、怒りに震え、このままではこの気持ちを父親にぶつけてしまうのではないか？　というところで、私に連絡をくれました。

Dさんが感じていたのは、このレベルのエネルギーを父親にぶつけることは、高齢な父親に相当な衝撃があるだろう、ということです。

その通りです。

抱えているエネルギーは目には視えませんが、肉体で感じるのもしんどいほどの激しい振動をもっています。Dさんはそれを実体験したことで、このエネルギーはぶつけた相手にも同じ衝撃を与える、と感じられたのでした。

エゴはそれを現実でぶつけて、分からせたい！ 思い知らせたい！ と外に飛び出そうとしますが、結果的には、自分のパターンを人のせいにして、対立を生み出すことにしかならないのです。

もしも、直接父親にぶつけたとしても、一瞬はスッキリしますが、三次元の現実に排出したその振動は、ブーメランのように三次元で戻ってきます。

自分の中からエゴを手放すとは、三次元で排出するのではなく、五次元の集合無意識に送り返して、その後は〈自分でなんとかしよう〉という思いを手放すことです。

後日、Dさんは、そのエネルギーをお掃除ワークで父親に伝え、内側が整った状態でセッションに来ました。

Dさんは言います。

「父はいつも、自分の思い通りになるよう、私をコントロールしていました。言い返せない私は、いつの間にか、我慢が当たり前になっていました。今回はその我慢の限界がきて爆発したんです。これまで、苦手な男性の先輩や、会社の男性上司とのドラマと向き合ったから、その奥にいた私が出てきたんですね」

そこまで整った後のセッションでは、自分の中の奥行きをさらに深め、我慢してしまうパターンが抑えていた奥にある、当時のDさんの声を聞いていきます。Dさんと一緒に内側へ問いかけていきます。

当時のDさんに問いかけます。

――父親にはどんな時に怒られた？

「何もしないでダラダラしている時」「手伝いをしない時」

――言いたくても我慢していたことは何？

「楽しいことを邪魔しないでほしい。私のペースを乱さないでほしい」

――どうしてそれを言えずに我慢していた？

「私が父親と喧嘩をすると、母が焦りだすから」

――お母さんは何に焦っているの？

「お父さんの機嫌が悪くなることと、当時、同居していた亡き祖母が、私（Dさん）をちゃんとしつけなさい、って母を叱責するから」

――お母さんはどうしていた？

「お母さんはそんな時、お父さんと祖母に謝っては、私をなだめた。頭にくるけど、そんなお母さんがかわいそうで仕方なかった」

そう言って、涙を流し始めました。

Dさんは、自分の潜在意識の記憶に驚きつつ、目の前のドラマは、過去から継続している家族のパターンの連鎖の表れだということに泣きながらも、感嘆します。

Dさんと父親との関係性、その奥には母親と祖母、さらには父親と祖母の関係性、それらが潜在意識に抱え込まれ、自分の前にずっとドラマとして現れていたことに。

幼いDさんが、嫌だったことを整えます。

父……誰の話も聞かない。人の自由を赦さない。会社のストレスを家に持ち込む。女性の前で支配的になる。

〈まさしくいつも引き寄せていた苦手な男性は父親そのものでした〉

祖母……問題が起きると、自分ではそれと向き合わずに、母のせいにする。私の前で母を叱責する。

〈これまで、相談してきた相手は祖母のような女性ばかりでした〉

母……嫌なことを言い返せずに我慢する。父にも祖母にも諦めている。

〈ここでDさんは、母の在り方をそのまま生きていたのだと愕然とします〉

嫌だったことを、父と祖母にお掃除ワークで伝えて手放します。

亡くなっている人でも、集合無意識では全てが繋がっているので、しっかりと伝えます。


そしてさらに問いかけます。

――当時のDさんは家族に対して、どんな失望をしていたの？

しばらく考えて、Dさんは、

「家族みんなが笑いながら仲良く会話ができないこと。どうにか仲良くしてほしくて、それを取り持とうとしては怒られていました」

――どんなことを怒られて傷ついた？

「お父さんがお母さんに優しくして、祖母と母が仲良く会話してほしいな、と。みんなに話しかけたり、踊って見せたり、ふざけて笑わせようとしていました。それをすると父がうるさがり、母は私をなだめました」

そして、自分には力がない、と諦めたDさんは、この家族と穏便に過ごす一番の方法は、父親に従い、母を困らせないようにすることだと自分を抑え込みます。みんなが仲良くする為には、自分が静かにしている方がいいのだな、と。

ここまでを思い出したDさんは、それでもうまくいけばいいと期待し続けていた幼少期のエゴと繋がり、これ以上期待することをやめる！　これまで演じてきた両親の理想に合わせた娘を卒業します！　と決意しました。

母親にも言いたかったことをお掃除ワークで伝えます。

エゴを体験として昇華させた後、Dさんは、自分の家族のパターンから好きな人間関係を明確にしました。

父を通して、

・人の話に素直に耳を傾ける。自分の問題を他人にぶつけない。女性を尊重する。

祖母を通して、

・目の前の問題と向き合う。人を巻き込んで文句を言わない。

母を通して、

・自分の気持ちを素直に伝える。自分で抱えずに助けを求める。

このような言葉になりました。

そしてDさんが諦めていた世界の、対極にある好きな世界には、「上下左右、男性女性問わず、みんな平等に仲良く笑って過ごすこと」そんな世界を体験したいと望みます。

また、Dさんが抑えていた本来の自分が得意としていた好きな世界は、「会話が好き」「笑わせることが好き」「人と人を繋ぐことが好き」「自由であることが大切」だったことを思い出しました。

この本来のままの自分を活かして生きていくことを、魂は体験しにきたのです。

Dさんの旅路は続きます。

## 第四段階を突破することは、新しい自分を自分で生み出すこと

内側の世界の奥行きが深まるほどに、潜在意識に眠っていた、ありのままのあの頃のパワフルなエネルギーと向き合い、そのエゴを手放すことは、頭で理解するレベルを遥かに超えた、全心身で味わう強烈な体験です。

手放しの段階をすっ飛ばしてこの状態と向き合うことはできません。

この三次元という空間で魂のカタチを生きる為には、魂が存在する、時空間の制限を外し、対を無くした五次元意識に感情・思考・肉体を統合させていくことが必要です。

これまで、魂の存在する場所に向かって手放しの段階を一歩ずつ進める度に、エゴを手放し、脱皮するかのように次元上昇の際の抵抗に耐性をつけ、意識変容を定着させてきました。

意識の次元は今いる三次元から、五次元意識に向かって上昇していきます。

意識の次元が上昇することで、この三次元の現実に起きるドラマを客観的に観察できる意識となり、目の前のドラマに飲み込まれなくなります。

内側の潜在意識を整えずに、スピリチュアルな世界を学んだ先に、目の前のドラマに飲み込まれてしんどい思いをする方は、段階をしっかり進むことを是非大切にしてください。

第四段階で向き合う手放しは、

「依存の世界から自立の世界へと進み、魂のカタチを生きる」

と自ら覚悟しないと、進めません。

誰かに促されて進むものではなく、誰のせいにもできません。だからこそ、自分のペースを確かめながら、しんどかったら自らの判断で立ち止まることはとても大切です。

正解不正解の旅路ではありません。

自分にとっての好き・嫌いが道先案内人です。

第四段階での手放しの後に訪れるのは、新しい自分の誕生です。

手放しのしんどさに比例し、自由に解放された意識の軽やかさに感動します。

私たちは皆、母親から生まれてきますが、二度目の誕生は、まるで自らが自分を出産するような感覚です。大きな産みの苦しみに比例して、受け取るギフトは大きいです。

新しい自分の誕生の後は、その痛みやしんどさを瞬時に忘れる感覚も、出産に似ています。

相似で現れる現実では、規制や枠を窮屈に感じた自分が、目の前の世界を拡げていく為の行動を起こしたくなってくる、という変化で現れます。

人によっては、転居、離職、別離、という形で現れるかもしれません。

かつて変化に対して感じていた恐怖もなくなり、新しい始まりに向けて、これまでのパターンを終わらせていく際の決断がとても軽やかで潔い自分の変化に驚きます。

実際に終わらせる、ということを実行するこの現実では体力を使うことになりますが、集合無意識が全力でサポートしてきますので、それが様々な人からのサポートとして具現化され、一人でなんとかしようとしなくても、スムーズな流れで必要なサポートが入ってくることになります。

もちろん、最適なタイミングで空間も時間も縁も、集合無意識から届けられるので、これまでのパターンを手放して好きな世界へ進むことを自分の中で決断したら、日々の自分の役割に集中しながら、後は委ねて待つ、を実行してください。

体験、体感を重ねながら、自分をそして宇宙を信頼する気持ちが高まります。

## 自分の一部となっていた両親を手放すことが本当の自立

「愛」の定義は幅広く様々な言葉で表現されますが、私はその一つが、意識を向ける、ということだと思っています。

小さい頃の私たちは全力で自分と向き合っていました。
全力で自分に意識を向けることを疑うことなく自分に赦せていたからです。
自分の好きなことには、納得するまで向き合い続けました。

そして、目の前にいる人の意識を自分に向けてほしいと思っていました。

愛がほしい、とは、しっかりと向き合ってもらいたいということです。

私の両親は、私が幼い頃から会社経営をして、毎日が仕事三昧、という仕事人間でした。

常に意識を外側に向け、全力で仕事に成果を上げる為に生きていました。

私と向き合ってほしい、と訴えても無理だ、という諦めは幼少期からありました。

意識を向けてもらいたい、愛がほしいと思う度に失望し不足感が募る。これがエゴの依存として潜在意識に抱え込まれます。

また、小さい頃から、「どうして？　なんで？」と両親に質問を投げかけていましたが、それを面倒くさそうにして、うるさがる両親を覚えています。

自分に意識を向けていると両親に愛されないから、あまり自分にこだわるのはやめよう、と学習を重ね、自分へと意識を注ぐことから、外側に意識を向けるようになっていきます。

初めて家族以外と交わる、社会に出ていく際は、どれだけ外側に意識を向け、合わせていくものなのか？　その自分の見本となっているのも、無意識に両親の在り方から学習していきます。

当たり前のようになっていた「これが自分だ」という認識は、最も身近な存在を模倣していた姿だった、ということです。

それに気づく為には、実は、それを受け入れた時に違和感があったことに気づくこと。

そして、自分の内側の声を聞いて、全力で自分と向き合っていくことです。

今思えば、私の両親にとっては、幼い私が「どうして？　なんで？」と質問することは、「お母さんはどうしてそう思うの？　お父さんはなぜそれをしているの？」と、内側と向き合っていない両親に対して答えられない問いかけをしていたのだな、と理解できます。

それを拒絶された時は、意味が分からず、自分が悪い、と思っていましたが、実はその時に、内側と向き合えない両親は、全力で自分と向き合う私を受け入れられるわけがなかったな、と思えます。

自分に意識を向けることができなければ、全力でぶつかってくる人とは向き合うことはできません。

幼い頃の私は、全力で目の前の人や物と向き合いたかったし、目の前の人にそれを求めていたのです。

**気づいたところから、さらに、しっかりと自分と向き合っていく。**

人それぞれ、生育環境や家族との関わり方は違うので、ドラマのパターンは様々ですが、依存を抱えたまま、誰かに不足を埋めてもらおうとすることは、失望の連続でしかない、と気づいたら、ここからさらに、しっかり自分と向き合っていく、ということです。

自分と向き合い奥行きを深め、お掃除ワークをするほどに、最初に自分に影響を与えた人との関係を思い出していきます。

その記憶の中の自分に問いかけるには、かなり深い洞察力が必要になってきます。

洞察をして気づく自分の本当の声は、最愛の人だからこそ抑えていた自分の中の本音でもあり、それを受け取るには、これまでの常識をひっくり返し、自分を破壊するようなしんどさもともないます。

それでも、生まれた頃のように、全力で自分に意識を向けることを赦し、自分の本当の声に気づいたらお掃除ワークをしていく。

第四段階では、両親という雛型を自分の中から手放していきます。

意識を向けてもらいたくて頑張っていた、両親への期待を握りしめていたエゴを手放した時、本当の自立が始まります。

その後、まずは自分を愛することで、周りからはより愛されて理解されるという意味を知ります。本物の愛や理解とは、内側から湧き上がるものだと知る体験が訪れます。

重さを抱えていた頃の自分の意識にあった、「愛されなくなる。失ってしまう。だから愛さねば、感謝しなければ」という固定観念がいかに他動的で表面的だったのか、本当の理解、感謝という意味を実感することで、思い知らされます。最愛の人への本物の愛や感謝が自分の中に生まれます。

内側に意識を向けた分だけ、エネルギーの循環は大きくなっていくことを知っていきます。

## バカになれないと宇宙とは繋がれない

第四段階で大きな手放しをした後も、待つ、委ねる、を実践したいところですが、ポッカリと大きな穴が空いた感覚を埋める為に、動き出したくなる、という声をいただきます。

「お掃除ワークをした後は、待つ、委ねる」という状態は、顕在意識がそのことについて囚われずに、リラックスしていないと維持できません。


「まだ変化が起きていない。結果はどうなるだろうか？」

このように、顕在意識が不安や心配に満たされている時は、潜在意識がエゴの発動により緊張状態になっています。


エゴは、自分主導で現実をコントロールしようと働きます。

その時、集合無意識と自分の繋がりが遮断されます。

集合無意識の完璧な流れから自ら外れ、シンクロニシティを受け取れない状態になる、ということです。

エゴがオンのままに何か行動を起こした時、その源は個人意識のエゴだということ。

魂の源、集合無意識に動かされているものではありません。

いわゆる、直感からの発動ではない、ということですね。


お掃除ワークをするとは、エゴが持つ緊張をこれ以上一人では抱えきれずに、

「誰か頼む！　もう分からないから助けてほしい！」

とそれを手放し、集合無意識に委ねるということです。

委ねた後は、大いなる存在に流れを完全にお任せします。

集合無意識から受け取る直感の発動が起きるまで動かないことが、宇宙と直結した状態です。


委ねたと思っても、ふと、心配や焦りが出てきて、意識を外側に引っ張られ振り回される。

次から次へとエゴが現れるので、完全にお任せするのは容易ではありません。

だから、気づいたらお掃除ワーク、の繰り返しでいいのです。

潜在意識のエゴが緊張してはそれを手放し、緩和に反転する、を繰り返しながら真水状態に戻るのです。


潜在意識が緩和している状態は、顕在意識もオフになっています。

日常であれば、「ボーッとしている。ただ目の前の風景を眺めている」といった時です。

この時に最も潜在意識と集合無意識が直結するので、何かのひらめきやサイン、自分が集合無意識にアップロードした「好き」な世界が現れたことにすぐ気づけます。


分かりやすい表現をするならば、顕在意識をオフにするとは「バカになること」です。

目の前のドラマを無心で眺めている状態です。

余分な思考をなくすということ。何も考えない、何もしない、何も思わないという状態にならないと、顕在意識はオフになりません。
そしてこれが、大人になればなるほど難しいことだと気づきます。

常に頭の中は、何かを考え、おしゃべりをしている。
答えを早く知りたい。
思った通りの答えを出したい。
違う言い方が良かったかな……など。
今、この瞬間ではなく、過去や未来を行ったり来たりしている。
無邪気な子供の頃は、すぐにバカになれたのに。
そして目の前のことだけに無我夢中になれたのに。

顕在意識がオフになる為には、潜在意識の中のエゴが抱える、不安、恐れ、などを手放し、自分の内側を穏やかに整えておくこと。

手放しが進めば進むほど、頭のおしゃべりは減り、顕在意識をオフにして、今この瞬間にいる時間も長くなります。

バカになることができた時、それは自分を信じていることでもあり、宇宙を信じていることだという意味が段々と分かってきます。

## 過去や未来に振り回されず、今この瞬間に意識を向ける

悲しみや痛み、怒りなどの嫌いな世界をすぐに全心身で味わい手放すことと、褒められたり、賞賛されたことによる喜びや嬉しさなどの好きな世界を、全心身で味わいきり、思いっきり表現してすぐに手放すことは、どちらも感情を抱え込まずに、滞りなく循環が起きている状態です。

いつまでも悲しんでいる、いつまでも喜んでいる、ということは、すでに過ぎたことを抱え続け、目の前の今に集中できない状態を作ります。

「私は褒められた」「私は傷つけられた」と手放さないのは、出しきれずに残っている内側のエゴです。

潜在意識にエゴを抱えている割合が大きければ大きいほど、意識は今の瞬間ではなく、過去や未来に滞留します。

仮に、目の前の誰かが、

昨日、冷たくあしらわれたこと、昨年、認められたこと、

明日も冷たくあしらわれないか？　来年も同じように認められるか？を口にしたとします。

その時、自分は聞いているだけなのに、意識は今ではなく、過去や未来に振り回されます。

もしも今この瞬間の魂を生きている人と、エゴによって過去や未来を生きている人が会話をすれば、会話をしていても合わない、楽しくない、といった感覚となる意味が分かると思います。

そんなつもりはなくても、潜在意識の状態は無意識に現れています。

「調子に乗っている」「まだ、その気になっている」「過去の栄光にしがみついている」「悲劇のヒロインでいる」などと、本人は気づかないまま、周りには冷ややかに捉えられてしまうことも。

魂のカタチを生きる＝瞬間を生きる、というステージへは、過去を引き連れたままでは入っていけません。

その為に、お掃除ワークを通して、瞬間瞬間に湧き上がったエネルギーを、瞬間に手放していく。

手放した後は、今この瞬間に意識を戻すことができます。

顕在意識のオンとオフの切り替えの練習をし、瞬間を生きる意識になっていきましょう。

その為に、泣ききり、悔しがりきり、喜びきり、笑いきる。

出しきっていくパワーを取り戻すのです。

## 出しきるパワーを思い出す

お掃除ワークをすると、

「こんな言葉を言ってはいけない」「自分も悪かった」などの固定観念、見たくなかったエゴの抵抗にぶつかります。

自分自身を変えていくということは、これまでの常識をひっくり返していくことなので、戸惑います。

お掃除ワークを継続できているとは、現れたエゴをそのつど出しきれているということです。

過去や未来に振り回されず、今に集中できる意識が摑めていたら、エネルギーを循環させるパワーを取り戻しています。

現在の自分が現実で発揮しているエネルギーも、それと比例しています。

重たいエネルギーを抱えていた頃の自分と、それを手放した後の、自分が発するエネルギーのパワーの違いに、是非気づいてあげてください。

だからこそ、お掃除ワークでは、思いっきり、抑えてきたエネルギーを出しきってください。もちろん、エゴのまま丸ごと、惜しみなく。

出しきることに慣れていくと、そのパワーは増していき、現れてくるエネルギーもパワフルになるので、吐き出す言葉は、これまで口にしてはいけないと思っていたものでないと追いつかないレベルになっていきますし、涙や鼻水、吐き気や頭痛といった現象や表現でも出せるようになってきます。

泣き叫んだり、震え、吐き気……そんな体感もともなってくるかもしれません。

それは、今、実際に自分に起きているわけではなく、幼かった自分が必死に自分の中で抱え込んで頑張ってきたエネルギーなんだな、という目線で体感してあげてください。

これほどのエネルギーを小さい自分が抱えてきたんだ、辛かったな……と思ってあげることが、自分への癒しです。

この痛み、苦しみ、しんどさなどのエネルギーを抱えたまま、何十年も経てば、抑圧したエネルギーは体表面に現れてきて、排出しようと自己治癒力が働く。

それを教えてくれるのが病気です、と私はお伝えしています。

自分の中にないものは、現れてこないのですから。

全心身を震わせ、味わい尽くす。とても疲れますが、これが体験した、という状態です。体験した、とは、全心身で感じることなのです。

頭だけでも、心だけでも、身体だけでもなく、三位一体で感じることが体験です。それができないと、抱えたエネルギーは排出されません。ドラマは繰り返されていきます。

全心身で感じて、苦しくしんどいと思えたら、もうこれ以上は、自分の中に入れないと決められると思います。

潜在意識の中で抱え込んでいたものを出しきるには、パワーが必要です。エネルギーを出しきれば出しきるほど、その後は疲れます。疲れたらしっかり休んで、パワーを充電することも必要になります。

あの頃の私たちのように、思いきり出しきってぐっすり眠る。正しい循環を取り戻していきましょう。

## 手放しは自分でしかできないけど一人ではしんどい

手放しを進めてくると、自分のことって、本当に分からないものだな、としみじみ思います。

そして、だからこそ、自分を映す存在として他者がいて、自分を発見する為に新たな体験があるのだな、と通り過ぎてきたドラマに感謝も湧いてきます。

手放しは自分でしかできませんが、一人では不安な作業です。しんどくなったら、その気持ちを信頼できる誰かと共有し、安心することは、一人だけど一人ではない、ということを知る為に大切なことです。

お掃除ワークの後は、集合無意識に委ねる、ということをお伝えしていますが、現実の中で、誰かを頼れない、甘えられない人は、集合無意識に委ねるということにも慣れないと思います。

生まれたての時は、できないことを泣いてまでも訴え、他者に甘えることを自分に許可できていたのに、いつしか人に頼らない、甘えない、頑張る、ということが強さだと思い込んできてしまいました。

頼ることを、依存として、良くないものと認識し、

「他人に頼ってもいいのですか?」と質問される方も多いです。

この質問のように、良くないと認識している依存とは、自分の役割と向き合わないで他者に

依存している場合です。

これは、自分の肚で決めることをせずに、誰かの言葉に頼りきって何かを決定し、行動する状態です。

「～すべき」「～でなければ」といった固定観念をもとにした行動も同じです。固定観念はもともと、誰かからの刷り込みだからです。

結果的に誰かのせいにする生き方となります。

思った形で結果が出なかった、進めなくなってしまった時、「こんなはずじゃなかった」「信じていたのに！」「大丈夫って言ってたじゃないか！」と、誰かのせいにした言葉を吐いてしまいます。

自立した状態で、誰かを頼る、委ねる、とは、一人ではできないことを助け合っていく相互依存となります。

この場合は、誰かに責任を押しつけることなく、他者の考えを聞いてどう思うか、自分の中に響いた答えに従って、自分で決めて行動します。

今置かれた状況を変えたい、変わりたい、と思い、自発的に手放しをしているあなたは、しっかりと自分で決めて行動する自立の状態になっていると思います。

なので、安心して、集合無意識に委ね、そして、一人でしんどい時は、誰かとその気持ちを分かち合い、サポートを受け取ってください。
目の前にいる仲間は、自分が映し出した自分の鏡です。
同じ段階を体験して、より自分への洞察を深めていける相手として大切な存在です。
ひとりだけど、ひとりではない。

魂のカタチを生きる上で、大切な学びの一つです。

Chapter 11 自分の魂を中心軸に生きる

体験をする為に今この瞬間を生きる。
正解不正解で生きてきた自分を手放す。

## 手放しの第五段階

第四段階の手放し「このままでは価値がない、と頑張っていた自分を手放す」という状態が定着すると、自分の状態を俯瞰できるようになってきます。

・自分の中の潜在意識が現実世界にドラマを映し出していることを理解し、目の前のドラマに振り回されないようになる。
・これまでは、外側の世界に向けて、自分の好きを満たして欲しいと期待していたが、それは、期待通りの結果にならずに失望し不足を感じることにしかならなかった。現実で追体験する度にお掃除ワークをして、同じドラマの繰り返しがなくなっていく。
・自分の気持ちとは裏腹に何かに気を遣ったり、好きではないことをやっていることにもすぐに気づく。

- 自分のエネルギーが無駄に漏れることがなくなり、必要なことにエネルギーを注ぐという意識を持てるようになる。
- 好きと嫌いがこれまでよりも明確になる。
- これまでは、過去のことを考えたり、未来のことを思ったりと忙しかったけれど、何かあってもなんとかなるだろう、と、自分の中に余裕が生まれる。
- 自分の中の焦りや心配が少なくなり、常に自分の中に存在する、今この瞬間を生きる、という感覚が分かるようになる。
- 目の前にいない誰かを思うことがなくなっていることに気づく。
- 感情とは、瞬間瞬間に湧き上がるものなのだ、と実感する。
- 思考が、過去や未来について悩むことをやめ、今この瞬間を形にする為に働く。

エゴを手放すほどに、これらの変化を明確に感じ始めます。

エゴの特徴は、過去に起きた好きや嫌いの感情を、思考によって、今、そして未来に定着させてしまうことです。

エゴを潜在意識に抱えていると、

・片時も頭を離れずにその人を思う。
・苦しくなる程その人について悩む。
「そのくらい、自分はこの人を好きなんだ」と思っています。

実はこれ、エゴの依存です。


エゴが手放されると、好きを今この瞬間以外に定着させることがなくなります。会いたくて会う。相手への好きが内側から湧き上がる。今この瞬間を思いきり楽しみ、お別れの時間が来ると、さよならをして、離れるとその人について自分の意識からはなくなる。その後は、また目の前に映った世界に集中する。

このような連続で瞬間を生きる意識になります。


「好きとはこういうこと」と認識していたものが変化することに最初は戸惑うこともあります。

「自分はこの人のことを好きなんだろうか？」

といったように、まるで自分の感情がなくなってしまったような感覚になります。

他にも、頑張ろう！　と意気込むことや、心配することも減り、頑張ることが仕事への熱意だと思っていたのに、粛々とこなせる自分になって変化していく際に、

「仕事への情熱がなくなってしまったのか？」と感じることもあります。

人は人、自分は自分という境界線がはっきりするので、

「冷たい人になってしまったのか?」という錯覚も起こします。
今までの知っているつもりの自分ではなくなってしまったような感覚に、「自分は一体どうしたのだろう?」という言葉も出てきます。

その感覚は、常に今ここ、にいる状態です。
過去・未来、好き・嫌い、自分・あの人、どちらかに傾いているわけではなく、自分の中心・ゼロの場所にすぐに立ち戻る意識になっている証です。

これが地球意識から宇宙意識に反転した感覚です。
これまでの、外側の承認を求める生き方から、自分で自分の価値を決める、という生き方への移行。

意識の次元が上昇し、変化が定着するまでの時期に起きる状態です。

これまでの重さを持たず、軽やかな意識でいられる自分が定着してくると、目の前には、全く未知な世界へと導かれる機会がやってきます。
それは、安定や約束といったこれまでの選択基準は通用しない、

「やりたいか？　やりたくないか？」

を自分で選択する体験への入口です。

自立への入口です。


自分が踏み出す一歩を、自分で決めていく、ということです。

進めていった先に、誰かのせいにできない生き方です。


「自分はどうしたい？」

と自分に聞いてみると、ワクワクはするものの、答えが分からない生き方に入る不安を感じます。

誰かに聞いたとしても、もはや自分にとって、外側に答えがないことも知っています。

その時、怖い！　と抵抗する扉が現れます。

・うまくいくか分からない。
・みんなには理解されないだろう。
・失敗するに決まってる。
・これをやってなんの為になるのだろう？
その先に進むことを阻む扉が出てくるのです。

「どっちが正解？」

扉にはそう書かれています。

正解が分からない道に進んでいくことを恐れる抵抗です。


扉を開ける鍵は、固定観念を外すこと。

この固定観念を外していきましょう。


これらの言葉をいつかの誰かに言われたことはありませんか？
・それは仕事になるの？
・そんなこと、誰にも理解されないよ。
・絶対成功しないよ。
・それをやってどうなるのか説明できないとダメ。
この言葉を誰から言われたか？　思い出せたら、その人を認識して、《固定観念を外すワーク》（１０６ページ）をしてください。

抵抗する扉を開けながら、進んでいきましょう。

これまでの、外側の世界を軸に生きてきた在り方を終わりにする段階です。

外側の期待や正解に合わせて生きてきた在り方から、自分の体験を通して、自分の内側にエネルギーを込めて、魂を中心に生きていくステージが始まります。

これまで積み重ねてきた自分は何者かであるということに対するしがみつき、所有していたものを失うかもしれない恐怖、それらのエゴを手放し、いよいよテハナシの状態へと進みます。

自分は何者でもないし、何者にもなれる
もともと何も持っていなかったし、何も持って還れない

本来の生まれたままの自分になる為の扉です。
ゼロの場所に辿り着く。
そこがテハナシの状態です。

個人を満たすエゴが手放されていくほどに、全体を満たすことへの意識に自動的に変化します。

・皆が笑ってくれているのっていいな、と思ってお金を使えるようになった。
・自分の能力が、皆に伝えられることって楽しいな、と思って活動の幅が広がった。
・同じことを前にしても恐れが薄くなっている。

これまで外側の世界に感じていた、好きや嫌いのジャッジや対立がなくなり、自分はただ自分の中心に存在しています。自分にとっての好きな世界を深めることに集中し、目の前に自分の役割が現れたら、内側から湧き上がるエネルギーを注ぐのみ、という生き方に移行していきます。

自分にエネルギーを注いだ分だけ、外側の世界にそれがどんどん拡張して共有されていきます。

どこに着地していくのかは未知数。

絶対的な信頼を自分と宇宙に委ねながら、見たことのない世界の連続を体験していきます。

全体の中の私として活動が始まるのです。

自分の魂を中心軸に生きていくとは、右か左か？　の二極の世界を水平に生きるのではなく、自分の中の魂と宇宙を繋ぐ垂直意識に委ねながら、瞬間瞬間の未知なる体験を繰り返していくこと。

**「体験をする為に今この瞬間を生きる。正解不正解で生きてきた自分を手放す」**

これが、手放しの第五段階です。

# 第五段階までのまとめ

手放しの第一段階から第五段階までの道案内をしてきました。


第一段階では、これまでの外側意識の自分を手放し、内側に意識を向ける。

第二段階では、感情を抑え込んでしまう自分を手放し、自分の好きと嫌いを明確にする。

第三段階では、溢れそうになるエゴをお掃除ワークで相手に伝えて手放し、我慢して抱え込む自分をやめる。

第四段階では、深いところに抑え込んだパワフルなエゴ、そして両親に対する依存を手放し、本来の自分と繋がる。

第五段階では、私というエゴを手放し続け、瞬間を生きる意識に戻る。


そして、テハナシの状態になります。


ここまで進む過程では、いくつもの固定観念やエゴの手放しが必要です。

各段階では、これまでのパターンを手放し、変化した意識が定着するまで、同じような状況にテストされるかのようなドラマを繰り返します。

その段階での意識の変化が定着すると、次の段階へと進む為の扉が現れます。

その扉を開ける際には、自分の一部になっていた固定観念やエゴが引き剝がされるのにともない、圧倒的なG（重力加速度）のような衝撃を感じます。

意識の次元が上昇するサインです。

特に、第三段階から第四、第五段階へと進むほどに、Gは強まり、全心身で強烈な変容を体験します。


この段階の進み方は、人それぞれ違います。

一つの段階を数年~十数年かけて進む場合もあります。

頭で捉えることは容易でも、全心身で体感し尽くすには、準備と覚悟も必要なので、ご自身のペースで進むしかありません。


全て、自分で決めることができます。


第一段階から手放しを始める方が、本書のテハナシの状態になるまでの流れを読んだとしても、手放しに対してGがかかるような体感や、意識の次元上昇後の世界は、想像がつきません。

第一段階にいる時は、その先の段階を想像できないので、頭で考えると、怖さやしんどさにフォーカスしやすいと思います。

人間には、変化に対して本能的な安全装置が作動するので、自分が今いる場所が良くて、知らない世界は怖くて嫌だな、と思うことは当たり前です。

第四段階を実感した方は、第二段階の状態を、理解できると思います。でも、第五段階については、想像がつきません。

二次元のアニメの世界を私たちは見ることができますが、アニメの世界からこちらの三次元には入れないことと同じです。

第五段階に進んで、テハナシ状態の意識が定着すると、これまでの段階の流れを読んで腑に落ちる、という感覚を持てますが、そこに到達する為には、段階を飛ばして進むことはできません。

だからこそ、頭で捉えずに、未知の世界に踏み込んで体験してみてください。

体験したことは、それが自分の一部として昇華され、その度に創造力が立体的になっていくことが分かります。

段階を進むほどに、自分と集合無意識＝宇宙との繋がりは強くなり、イメージがあらゆる形で現象化するシンクロニシティが頻繁に起こります。

宇宙から様々な後押しを受け取りながら、段階を進み、第五段階のテハナシ状態を体験すると、今度は違うルートで、第一段階から第五段階までを体験するドラマが始まります。

一度、テハナシの意識を体験して、旅が終わりではないのです。

一つのパターンのドラマでは、エゴによって外側に振り回されることがなくなったとしても、新たな角度でドラマが始まると、気づかなかったエゴが現れる。

一つのルートで、魂の中心軸に向かったら、また違うルートが現れ、まだまだ手放すものがある、と気づく体験が始まります。

エゴを手放し新しい体験が生まれる。破壊と再生の連続ですが、繰り返す度に、手放しへの抵抗は少なくなり、エゴのドラマに飲み込まれてもすぐにそこから離脱して、起きているドラマを客観視できるようになっていきます。

いくつものルートからテハナシ状態の意識に辿り着くほど、軽やかに生きやすくなった自分の変化を実感します。

現実世界に対して、好きや嫌いのジャッジがなくなり、感情に振り回されずに常に凪の状態でいられるようになります。

自分という存在は、なんと立体的で可能性があるのだろう、と自分の新しい側面を発見します。

愛情から情がなくなり、愛そのものになります。

愛という形は、優しく厳しく誤魔化しがないものだと分かるようになります。

# PART 3

# テハナシをして共生のステージへ

## ゼロの状態に戻る

本書の中で
〈赤ちゃんの頃に戻る〉

〈0歳の生まれたての頃に戻る〉

〈真水に戻る〉

といった表現があります。

様々な言い方となっていますが、これらは、何にも染まっていない状態に戻る、という意味です。

数字で表現すると、ゼロの状態です。

〈ゼロの状態〉とは、
自分の全エネルギー「感覚・感情・思考・肉体」を、自分の内側に向けて使っている状態のことです。


そのゼロに戻っていく作業が、この本でいうテハナシの到達点です。

「ゼロ」と聞くと、どんな印象を受けるでしょうか。

私たちが今まで刷り込まれてきた常識では、

〈ゼロは何もない状態〉

〈ゼロから増えていくことが成功で、ゼロに近づくことは失敗〉

〈増えることが安心で、なくなることは不安〉

ゼロ、という響きに、ネガティブなイメージを持つ方も多いと思います。

さて、二〇二〇年から世界中に蔓延した新型コロナウィルスの影響により、この数年で、仕事がなくなり、貯金がなくなり、所有物がなくなり、約束がなくなり、未来への安心がなくなり……。

どれか一つでも当てはまる事象がある方は、その際、不安や恐怖を感じたかもしれません。

この、なくなる、という体験は、ゼロ以上の何かを持っていたことであり、不安はゼロになっていくことへの抵抗だったたと思います。

ゼロより＋（プラス）の数値が高ければ高いほど、なくなっていく恐怖は大きいものです。

そう考えると、この時代の変容期に、一番不安がなかった存在は、赤ちゃんや、自然や、もともと何も持っていなかった人というわけですね。

もともと何も持っていない人はこの状況になってもなくなる恐怖は湧き上がってこない。また、未来が決まっていない人、貯金を持っていない人、ここで働き続けると決めていないフリーの人たちは、なくなることに対して、現実に恐れを抱くことは少なかったと思います。

この時代に、最強な在り方は、「所有している」という認識がない、ゼロを恐れない状態であり、手放すことに恐れがない状態だということに気づかされました。

今までの常識では考えられなかったことだと思います。

ゼロということを、もう一つの視点で捉えると、

「何も決まっていない」

「何にでもなれる」

ということでもあります。

今改めて、ゼロという数字に秘められた意味を認識し直すことができる時代です。

「ゼロは無限の可能性」

「ゼロは無敵」

ということに。

手放しは、ゼロに戻っていく作業、ということをお伝えしましたが、これまで私たちが刷り込まれていた「ゼロは良くない」という認識のまま手放しをしていくと、ある段階で恐れが出てくるということも想像ができると思います。

手放しが止まってしまう時もあります。

もしもそれが、自分がゼロに戻っていくことへの抵抗であったならば、今この時代がひっくり返る時に気づいた、

「ゼロほど無敵で強いものはない」

「何にも染まっていない状態は何にでもなれる強さ」

という認識を、是非、信頼してみてください。

手放しをしていく過程で「これでいいのかな?」と、不安を感じる方は、今まで手放した数だけ、怖いものがなくなっている自分の変化について、振り返って認識してあげてください。

私たちの歴史を振り返っても、最もエネルギーが溢れ、底知れぬパワーがみなぎる時という

のは、何もなくなった時でした。

今この時代は、新しい時代に切り替わる転換期だからこそ、、世界でも、社会でも、家族単位でも、個人単位でも、反転する為の手放しが必要になっているということです。

これまでが間違っていたわけではないのです。

その時代があったからこそ、これからの新しい時代をしっかりと感じられるのです。

真逆という極を作らなければ、時代もひっくり返りません。

そのひっくり返りが、進化です。

それに合わせていく為に、私たちの意識も、ひっくり返していかないと、新しい時代には入っていけない。

古い価値観を手放さないで堅固になればなるほど引き剝がされ感は激しくなると思います。

自ら手放す、と決めていけたら、変化の波に軽やかに乗れるのです。

これまでの常識が当てはまらないということも納得できる時代に、私たちは存在しているのです。

# 所有意識から共有意識へ、新しい時代が始まる

本書の中で、「時代のひっくり返り」という表現をしてきましたが、ひっくり返った先の世界とは、これまでとは対極の共有意識の世界です。

これまでは、所有意識を満たすことに、幸福を感じる時代でした。

所有意識とは、「私は持っている」という認識。

所有に対して飽くなき挑戦をすることに、努力をしてきました。

それに対し、共有意識は「すでに私は持っている」という認識の上に、持っているものを分け与える、活用する、という意識になります。

この本で伝えている手放しは、ゼロになっていくこと。

エゴが潜在意識から昇華されていき、テハナシのゼロになる体験を重ねる度に、何者でもない、なんにでもなれる、という意識になっていく。

同時に、ゼロに向かいながら、所有意識の手放しも進み、何もないけど、なんでもできる、という状態になります。

エゴがなくなり、所有意識がなくなると、自分にしかないものがあることを発見します。

誰一人同じカタチのない、自分の中の魂です。
その魂を携えて、私たちという全体意識の世界で一つのピースとなり、魂が歓ぶ「好き」を共有する世界へと入っていくのです。

自分の中の魂のカタチがぴったりとはまる場所を見つける為に、現実というこの地球ステージがあり、自分以外の他者がいる。

自分というピースが、新しい仲間と関わり、ズレを感じると、対立が起き、感情が動いて、また知らなかったエゴに出会う。

何度もぶつかり、ズレを感じては、ゼロに戻る体験を繰り返し、ズレた原因を洞察しながら、さらに自分の好きを磨き上げていく。
自分の内側を深め、好きを極めるほどに、自分というピースにぴったりな場所が現れます。

またそこで、夢中になって内側と向き合い、自分の魂が望むカタチを生み出していく。
そしてそれを出しきっていく。

「すでに私は持っている」、という共有意識になると、出しきっても自分の価値は誰にも奪われるものではなく、そして自分だけのものでもない、と、自分の役割に集中していきます。
その背中を見て、誰かが大切なことを思い出す。

自分に集中しているだけで、何かの為になっていきます。

外側の何かの為に生きていた頃は、意識は外側の承認を求めますが、内側と向き合う生き方では、魂の承認を求めます。

無限の世界、魂の承認を求めていくことは、深めても深めても、奥行きがあるということを知る生き方です。

そして、自動的に、外側の世界には同じだけ奥行きを深め魂のカタチを生きる仲間たちが集まってきます。

## 全体の中の一つであることを思い出す

私たちは好きなことに集中する際、余分なことを抱え込み、得意でないことを頑張ってやり過ぎてしまっていたり、逆に遠慮して引っ込み過ぎていることがあります。

魂のカタチを生きる、とは、とてもシンプルなことです。

今この瞬間、目の前のたった一つだけのことに集中して、内側から湧き上がるエネルギーを注ぎ込み、視えないものを視える形にしていくのです。

たとえるならば、目の前に与えられた自分の役割と向き合う為に、自分専用の椅子に座っている状態です。その椅子にどっしりと腰をおろし、文章を書く、料理を作る、人と向き合う、などといった状態です。

余分なことをしている時は、目の前の役割と向き合いきれずに、前後左右の自分以外の椅子も一人で占領しているようなものです。エネルギーも、ブレて分散します。

それは、自分よりいとも簡単に、それを得意なこととしてこなせる人を近づかせずに、他者の活動の領域を占領している状態です。

「苦手なことは克服しないといけないと思っていた」

「得意ではないから頑張らないとできなかったんだ」

「できない、分からないと思われることが、恥ずかしかった」

外側意識の自分に気づいたら、固定観念を外し、エゴを手放し、また内側に意識を戻します。

余分なことを手放す、とは、自分に与えられた役割以外のことを頑張っていた在り方を終わりにする、ということです。

その後には、これまで何人分もの役割をこなして頑張って埋めていた椅子に空きが生まれ、その役割を得意とする人たちが現れてきます。

その時には、

「分からないので、教えてください」

「自分の得意なことに集中するので、苦手な部分をサポートしてほしい」

と、声をかけてみてください。

きっと、その人は、得意なことに集中できる場があることで、喜んで椅子に座ってくれると思います。


一人で頑張ることをやめると、どんどん出会いと縁が拡がって可能性が拡がります。

個人意識、地球意識が多い時には、嘘みたいな世界です。


何にも染まっていないゼロの状態に自分を戻し、魂を中心軸に、自分が進む道を、自分で決めて一歩踏み出す。

流れに委ねながら、目の前に、好きなこと、得意なことが現れたら、それに向けて全力で集中し、夢中になってエネルギーを流し続ける。

**この状態に意識が整うということは、魂を中心に、感情、思考、肉体を統合させられている状態ということです。**

これが、自分の魂の使命をしっかりとやり遂げられる意識づくり、ということです。

魂の使命は、集合無意識から届きます。
それを受け取り、そこにエネルギーを集中して込めていくだけ。

魂の役割を全うする自分がいなければ、その世界は不完全であり、自分以外の誰かがいなければ自分の役割に集中することができない。

これが、
ひとりでしかできないこと
ひとりではできないこと

同じ意識の仲間が拡がり、繋がっていく経験も重ねながら、それぞれの魂が持つ得意なピースを繋ぎ合わせ、一人では描けない大きく拡張した未知なる世界を体験していく。

魂のカタチを生きる仲間と共鳴し、共生の世界を生きる時代が始まります。

創っては壊し、進もうと思ったらやり直しをさせられ、の連続ですが、それでも進んでいく中で、魂がもともといた、全体の中の一つであったことを思い出していきます。

## どうすれば仲間に出会えるか？

手放しの第五段階まで進む過程で意識の次元は変わります。

同じ意識に共鳴した人が集まり、そこで共同作業が始まります。

仲間との体験を通して、自分というピースがそこにしっくりはまらずに、ズレを感じたら、好きと嫌いを明確にしていく。

内側の奥行きはさらに深まり、目の前に現れる人はその度に変化します。

外側に現れる仲間は、自分と同じ分だけ、内側の奥行きを深めた人たちです。

奥行きが深まるということは、自分との対立がなくなった状態です。

これまで目を背けていた自分との調和が生まれ、外側の世界では、他者をはじいていた自分が他者と調和の世界を育てていきます。

自分との調和が深まるほど、仲間は増え、多様な世界が拡張します。

徹底して自分の内側と向き合い、これ以上は因数分解できない、という自分の好きと出合った時、魂との一致が起きます。

その時、目の前に、自分のピースがぴったりと一致する仲間や場所が現れます。

その仲間は、みんな違うスペックを持ち、自分と徹底して向き合うことができる、自分に対してプロフェッショナルな人たちです。

この段階で出会う人たちは、互いの境界線に踏み込むことなく尊重し合い、信頼し合い、エネルギーを出しきり、生み出す世界を最適化する為に自分の内側の世界をしっかりと伝え合える仲間たちです。

新しい世界への扉を開ける為に、これから続く内側への旅。

自分の内側へは、自分一人でしか進めない旅路です。

時に心細く、恐怖がともないますが、その内側への奥行きを一人で進んだ分だけ、現実の世界には絆を深める仲間が現れてきます。

一人で悩み、抱え込み、乗り越えなければと、頑張ってきた方こそ、手放しが始まると、孤独に陥りがちだと思います。

心の自立とは孤独に一人で戦うことではありません。

一人で向き合うからこそ、一人ではない歓びを感じられる。
私たちには常に仲間がそばにいます。

これから始まる新しい時代は、各自の能力を活かしきっていく多様な世界。
宇宙意識で生きる共生の時代です。

内側の旅をするあなたの隣で、そのままのあなたを、太い幹のようにどっしりと支えてくれる仲間が、常にいることを思い出せますように。

# おわりのはじまり

この二極の世界には始めたら終わりがあり、終わったら始まりがあります。

生きることは同時に死に向かうこと。
どう生きるか？　ということは、どう終わらせるか？　ということ。

本書で、どう生きるか？　という意味の言葉を問いかけられることが多かったと思います。
何がしたいのか？　という問いかけも然り。

魂のカタチを生きたいと思っている方は、ここで、ちょっと自分に問いかけてみてください。

「もしも、自分が死んだあと、自分の人生をまとめる本を書いてもらうとしたら、どんな人だったと記されたい？」と。

「人に迷惑をかけず、お金もしっかり貯え、皆と仲良く優しい人でした」
「いつも新しいことに挑戦して、冒険家みたいな人でした」
「困った人がいたら自分を犠牲にしてでも助ける正義感の強い人でした」

いろんな人物像を自分に当てはめながら、細胞が喜ぶような感覚があったら、それが自分の本質、魂のカタチを生きた終わらせ方だと思います。

〈そのゴールに向かって、今日の一歩を踏み出していますか？〉

終わらせ方を決めると、どう生きるか？　が決まります。
今日踏み出す一歩は、どう終わらせるか？　どう生きるか？　の起点になります。

私たちは、まだ、魂のカタチを生きるスタートラインにさえ辿り着いていない。

始まることを恐れ、終わることから逃げて、同じ場所に居続けたことにうんざりした方がこの本を手に取ってくださるのではないかと思います。

嫌な世界を終わらせたくて、何かを始めるのではなく、嫌な世界を終わらせた時に、好きな世界は始まります。

この本では、その終わらせ方をお伝えしてきました。

自分の本質、魂のカタチを生きる一歩を踏み出す為に、まず先に数々の刷り込まれてきたパターンを手放し終わらせる。

そして、今日をしっかり終わらせて新しい明日を迎える。

死ぬまで、何かを感じ、ゴミを出し続け、排泄をします。

生きることとは、手放し続けること。

一歩ずつ進んでいきましょう。

魂の故郷、宇宙に持ち還ることができるのは、体験のみです。

# あとがき

「委ねる」とは、永遠不変で無情な宇宙の営みの流れの中の一部に自分がなる、ということ。

魂の故郷である、宇宙の司令塔からのタイミングに準備をして待っている状態が「委ねる」。


その為に、自分で世界を動かそうとするパターンを手放し、自分自身を整えて、平穏な状態に戻り、宇宙の営みの流れに身を委ねる。

目の前に自分の魂が共鳴する交点が現れ扉が開いた時には、魂に従って自分の全心身を使って、内側から湧き上がるエネルギーをしっかりと発揮する。

これが、宇宙の一部の魂のカタチを生きている状態。


この状態は、焦りや不安などのエゴや余分な思考があったら作れない。

委ねることができなくて、自分で世界をコントロールし始めた時には、宇宙の営みの流れから外れていく。

そして、そのパターンから先には進めず、魂のカタチを生きる道から外れてしまう。


私たちは実際に体験しています。

エゴを抱え、エゴで動き、宇宙の営みの流れから自ら外れ、立ち止まり、引き戻され、外れたところから何度も同じ世界を体験させられ、強制終了させられ、うんざりして気づいた時に、エゴの手放しをしているものです。

宇宙に手放しをさせられています。

つまり、この本で伝えていることは、特別でもなんでもありません。生きているだけで、いつの間にか、皆さんの決めたタイミングで手放しは起きています。

なぜなら、私たちには魂が宿っているからです。

エゴの対極にある魂の源は宇宙です。

エゴを生きれば生きるほど、宇宙の営みの流れから外れていき、引き戻しのエネルギーは強くなり、エゴの手放しを促され、手放した時には魂のカタチを生きる道に近づいていきます。

実のところ、何も考えず、ただ毎日を思うまま生きていればいいのです。

エゴのまま動き、生きていくのは、五次元の魂（感覚）と三次元の感情・思考・肉体という相対するものと同居して生きている人間ならば、当たり前なのです。

その結果、宇宙の法則として、エゴで構築したものは宇宙の自浄作用で崩壊していき、自動的にエゴの手放しが起こる。

トライ&エラーをしながら、実際は進化しているのです。

ただ生きて、体験を重ね、自分のエゴの深さを知り、知らない自分に出会っては悔しがり、怒り、照れて、笑い、人間であることを全心身で味わう。

一番の自分の道標は、どこかの師匠でも両親でも、もちろんこの本でもなく、体験です。

そして、体験して出合った結果は、全て、正解です。

そこから、本物の気づきを受け取り、体験の数を増やしていく。

この本は、その気づきの答え合わせをする時に、これまでのパターンを手放した時に、思い出して読んだ時、腑に落ちていくのだと思います。

失敗して外れる体験がなければ、この本の言葉を受け取るスペースはないからです。

体験せずに、分かったつもりになってしまうようであれば、この本も是非、手放してください。

有限な命であるこの肉体と共に、この地球という遊び場で、これからも、沢山の体験を積み重ねていきましょう!

# あとがきのあとがき

このテハナシの内容は、私が、二〇一四年二月一四日、宇宙船に乗船した際に、伝えられた情報がもとになっています。

宇宙船の中では、未来の統合会議が行われていました。

何もかもが真っ白い宇宙船でした。

私は宇宙船の中で、溢れんばかりの記号や波動を照射されました。

感覚では分かるけれど、言語化することが難しい。

言語化する為には、実体験でそれらを腑に落として自分のものとする必要がありました。

その後、その伝えられた内容を実践し、その体験を込めて『100%「魂」のカタチ』を二〇一七年に出版しました。

当時の自分ではまだ言語化できていない情報も多く、このテハナシに書いた内容は、その後自分自身が実践し、体験し、形にできた内容となっています。

もちろん、ここにまだ書ききれていないことも限りなくありますが、自分の体験で感じられたことが、ここまで、ということで、この先もずっと、未知なる道を進む終わりなき旅の途中です。

この『テハナシ』を書いている最中も、何度宇宙という厳しい愛にぶっ飛ばされたことか。

分かったつもり、知っているつもりの私を、思い知らされるような出来事に辱められ、エゴの手放しを促されては、自分の中に気づきが湧き上がりました。

宇宙意識という立体意識を文章にすることの難しさは、私にとって宇宙テストでした。

どうしてこんな修行みたいなことをしているのか、逃げ出したくなるのですが、何度も引き戻されて自分と向き合う度に、愛のムチに感謝している私がいることに気づかされました。変態ですね。

この修行を望む変態な人たちが、幸せなことに私の周りに集結してくれ、その変態な人たちに支えられながら、この本を書き上げています。

この先も、進化をし続けながら、受け取った情報を実体験しながらぶっ飛ばされ、それでも進みながら、またお伝えできるように、しっかりと生き抜いていこうと思う所存であります。

ありがとうございます。

松本良美

松本良美　Yoshimi Matsumoto

約35年にわたる独学での手相研究を通し、〈自らの魂を生きることが生まれてきた意味〉を着地点に、〈魂のカタチを生きる方法〉を伝えながら、オリジナルの手相観&リーディングを生み出す。

手の甲からその方に宿った魂のカタチをリーディングするスタイルは日本では唯一無二。

ただ手の平の線を読む、占う、当てる、だけの鑑定を超えて、手の甲・平、手全体から読み取る本来の魂のカタチ、潜在意識の声、自分に合った生き方のアドバイスを伝える。

現在は、群馬・前橋のサロンを拠点に、手相観セッション、手相観講座、ダウジング講座、レイキ講座、クリスタルボウル演奏会など、魂や波動、宇宙について伝えるために様々なツールで全国にて活動中。

著書に『100%「魂」のカタチ』（ヒカルランド）がある。

松本良美のHP〈劇団松本良美〉http://gekidanyoshimi.com/

重たい波動を「手放し」100%魂のカタチを生きる

# テハナシ

第一刷 2023年8月31日

著者 松本良美

発行人 石井健資

発行所 株式会社ヒカルランド
〒162-0821 東京都新宿区津久戸町3-11 TH1ビル6F
電話 03-6265-0852 ファックス 03-6265-0853
http://www.hikaruland.co.jp info@hikaruland.co.jp

振替 00180-8-496587

本文・カバー・製本 中央精版印刷株式会社

DTP 株式会社キャップス

編集担当 遠藤美保


ISBN978-4-86742-267-0

神楽坂♥散歩（ハート）
ヒカルランドパーク

## 『テハナシ』出版記念イベント開催！

**実践！「テハナシ」のハナシ**
**会場参加のご希望者全員に★ワンポイント手相観リーディング付き！**

その方の手の甲にあらわれている「魂のカタチ」をお伝えし、そこから読み解く手放しポイントについて掘り下げるミニセッションを抽選により実施！実践的な「テハナシ＝手放し」の方法を受け取っていただける会です。ご自身の「魂と手放しのテーマ」をお持ち帰りください。
＊ワンポイント手相観リーディングは抽選になる場合があります

日時：2023年９月23日（土・祝）　14：00～16：00（開場は13：45）
会場：イッテル本屋（ヒカルランドパーク7F・東京 飯田橋）
料金：会場参加 11,000円（税込）・ZOOM 参加 8,800円（税込）

**クリスタルボウルで「テハナシ」**

クリスタルボウル奏者でもある松本良美さん。「浄化力がすごい」と評判の、パワフルなサウンドを用いて手放しを進めます。演奏後のシェアタイムでは、手放しポイントについて気づきが起きたり、メッセージが降りてくることも。「テハナシ」を加速させる会です。

日時：2023年９月18日（月・祝）　13：00～15：30（開場は12：45）
会場：Hi-Ringo Yah!（ヒカルランドパーク1F・東京 飯田橋）
料金：12,000円（税込）

**＊上記いずれも、お申し込み・お問い合わせはヒカルランドパークへ**

ヒカルランドパーク
JR 飯田橋駅東口または地下鉄 B１出口（徒歩10分弱）
住所：東京都新宿区津久戸町3－11 飯田橋 TH1ビル 7F
TEL：03－5225－2671（平日11時－17時）
E-mail：info@hikarulandpark.jp　URL：https://hikarulandpark.jp/
Twitter アカウント：@hikarulandpark
ホームページからも予約＆購入できます。

**※イベントの日時・会場・料金等は、いずれも変更になる場合がございます。ホームページ等でご確認のうえ、お申し込みください。**

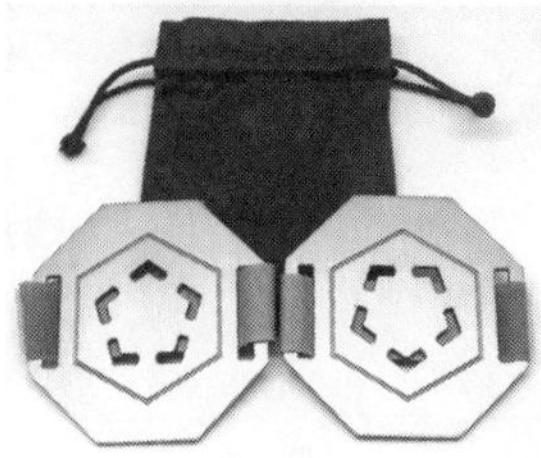

## 故・船井幸雄氏も絶賛したという両手ふり運動に絶大な効果を発するフォーグ

**FTWフォーグ**

■ 33,000円（税込）
●素材：FTW セラミックス　●本体サイズ・重量：80㎜×80㎜／72ｇ　●セット内容：フォーグ本体２個、マジックテープ２本、専用袋、取扱説明書

FTW 製品開発者である佐藤じゅん子さんが師と仰ぐ関英男博士は「両手ふり運動」を推奨していました。これは朝昼晩4000回（40分間）続けることで空間から宇宙エネルギー（電子）を集めて健康を促進させるというもので、1500年前の達磨易筋経という教典にも記載されていました。この運動を行う際に「FTW フォーグ」を両手に持って行えば、わずか１/10の時間で40分間運動したのと同じ効果（つまりは10倍の効果！）を得ることができるとあって、船井幸雄氏も短時間で効果が得られると絶賛、長年愛用していたそうです。

船井幸雄氏

**How to 両手ふり運動**

起立し、背筋を伸ばした状態で両手のひらを内側にしたら、両方の手を同時に力を入れて後ろにポーンと投げ出します。その反動で両手が前方に移動されたら、一定回数ぶらぶらさせます。

この「FTW フォーグ」はエネルギー装置として、両手ふり運動以外にも活躍。コースターとして使えば飲み物がおいしくなり、アイマスクの下に２枚はさんで使えば眼の疲れや眼のトラブルをケア。就寝時に足の裏に貼ったり、デスクワークなどの作業時に首の裏側や腰にゴムで巻くだけで疲労の軽減になるなど、アイデア次第で使い方はさまざま！

## 黄金比に基づいた角度で湾曲したフォーグは肩、腕、脚など疲れがたまりやすい部位にフィット

**FTW Gフォーグ**

■ 33,000円（税込）
●素材：FTW セラミックス　●本体サイズ・重量：80㎜×80㎜／72ｇ　●セット内容：G フォーグ本体２個、マジックテープ２本、専用袋、取扱説明書

「FTW フォーグ」に対し、グラビトン（graviton／重力子）の頭の G を冠したこちらの「FTW G フォーグ」は、両側面が黄金比（１：1.618）の角度で曲がっているのが特徴です。これは、人間の肩、腕、脚など湾曲している各部位にピタッとはまるように計算されたもの。両手ふり運動時の使用はもちろん、つらい肩こりや筋肉痛などに FTW のエネルギーが作用し、痛みなどを和らげるのに役立ちます。

【お問い合わせ先】ヒカルランドパーク

＊ご案内の価格、その他情報は発行日時点のものとなります。

## 本といっしょに楽しむ イッテル♥ Goods&Life ヒカルランド

# 使い方無限で万能、電池も不要<br>FTW生活はこのプレートから!

**FTWビューラプレート**

■ 55,000円（税込）

●素材：FTW セラミックス　●サイズ：直径144㎜

●製造国：日本

※直火で加熱することで、プレートの色が稀にシルバーに変色することがありますが、品質や効果には影響ありません。

FTW 製品を使うのは初めてという方は、多彩な使い方ができるこの「FTW ビューラプレート」がオススメです。六角形（六芒星）、五角形（五芒星）といった神聖図形をあしらった形状が宇宙と共振し、宇宙エネルギーとも例えられる電子を集めて遠赤外線を超える周波数を放射します。以下にあげるように、さまざまなシーンでその効果をご体感いただけるでしょう。

## こんなにある！　FTW ビューラプレートの使い方

①調理の際に、お鍋や電気釜の中に直接入れて酸化・糖化を抑制

②料理と一緒に電子レンジへ投入しておいしさアップ

③飲み物、食べ物をプレートの上に置いて電子の作用でおいしく

④発酵食品をつくる時に、一緒に入れる（微生物が宇宙エネルギーと共鳴）

⑤椅子や車の座席に敷いたり、お腹や腰に巻く（プラスに帯電した箇所がマイナス電子により還元）

⑥お風呂に入れて温泉のように温まるお風呂に

⑦植木鉢の土の上に置いて成長を促進

**FTW を使った抗酸化・抗糖化を検証**

マーガリンを溶かした鍋を煮詰めた結果、「FTW ビューラプレート」を入れた鍋（左）は酸化が起こらずマーガリンは透明のまま。一方、「FTW ビューラプレート」を入れてない鍋（右）はマーガリンが黒ずんでいきます。

白砂糖を溶かした鍋を煮詰めた結果、「FTW ビューラプレート」を入れた鍋（左）は糖化が起こらず白砂糖は透明のまま。一方、「FTW ビューラプレート」を入れてない鍋（右）はカラメル化して黒ずんでいきます。

## 天然由来成分にこだわり、誰でも安心して使える洗顔料に

**ビューラクレンジング&トリートメント（フィオーラ専用）**

■ 400㎖　6,050円（税込）　■400㎖（詰替用）　5,500円（税込）
■ミニ80㎖　1,650円（税込）
●成分：水、トール酸K、トールアミドDEA、トレハロース、イタドリエキス、カキ葉エキス、ヨモギエキス、グリチルリチン酸2K、フェノキシエタノール
※写真は400㎖。

## 化粧水、美容液、ダメージケアを兼ね、新しい素肌に出会える感動をあなたに

**イオニスジェルウォーター（フィオーラ専用）**

■ 100㎖　4,950円（税込）
■ミニ30㎖　1,980円（税込）
●成分：水、グリセリン、イタドリエキス、カキ葉エキス、ヨモギエキス、トレハロース、グリチルリチン酸2K、カルボマー、水酸化K、フェノキシエタノール
※写真は100㎖。

## フィオーラが使いやすい形に進化 利便性の高いペンダントタイプ

**FTWフィオーラペンダント**

■ 38,500円（税込）
●素材：FTWセラミックス　●サイズ：約85㎜　●セット内容：フィオーラペンダント本体、ゴム、留め具、専用袋

人気の高い「FTWフィオーラ」の先端部分を改良し、肌身離さず身につけられると男性からも好評を博しているのが、こちらの「FTWフィオーラペンダント」。首から下げることができ、伸びるゴムを採用しているので、パソコン作業中などで凝りが気になったりしたら即使用できる利便性がうれしい！　頭をコリコリすれば頭痛が和らぎ、そのままぶら下げれば、免疫を司る胸腺やみぞおちからカラダを活性化。免疫力アップにも期待できます。また、お風呂に入れて気になる箇所をコリコリしたり、ツボにあてて使うこともできます。

【お問い合わせ先】ヒカルランドパーク

＊ご案内の価格、その他情報は発行日時点のものとなります。

## 本といっしょに楽しむ イッテル♥ Goods&Life ヒカルランド

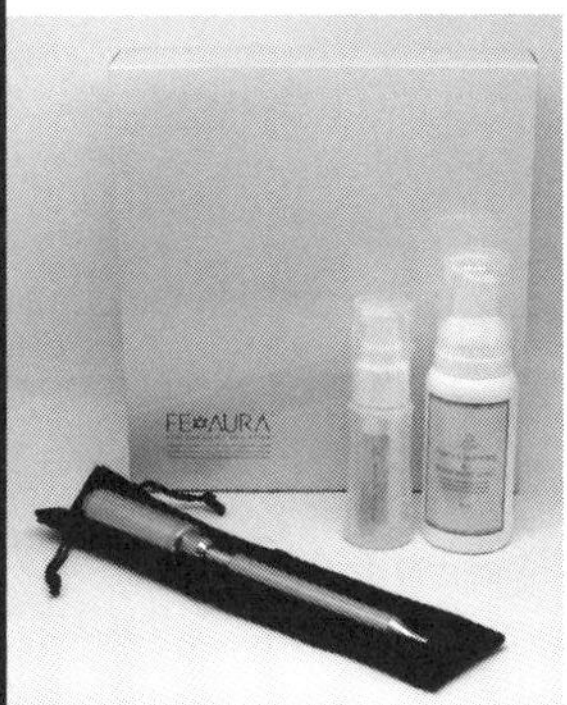

# いつでも気軽にコロコロ♪ 宇宙エネルギーでリフトUP&全身ケア

**FTWフィオーラ**

■ 41,800円（税込）

●素材：FTW セラミックス ●本体サイズ：全長191㎜ ●重量：63.2ｇ ●セット内容：フィオーラ本体、専用袋、イオニスジェルウォーターミニ（30㎖）、ビューラクレンジング＆トリートメントミニ（80㎖）

女性を中心に絶大な支持を集めているのが、こちらのビューティーローラー「FTW フィオーラ」です。お顔や体にコロコロ転がせば、空気中の電子を誘導し、人体に有益な4～26ミクロンの波長を効率よく放射。電子と遠赤外線のFTW 2大効果がお肌に浸透します。気になるお顔のシミやシワ、浮腫みのケアやリフトアップで、実年齢より若く見られるようになることも期待できます。さらに痛みやコリも解消し、美容から体調不良まで女性が抱えるさまざまな悩みに応えてくれます。もちろんその健康効果から男性やお子さま、ペットへの使用もオススメです。

さらに、「FTW フィオーラ」には、洗顔料「ビューラクレンジング＆トリートメント」と、スキンケアアイテム「イオニスジェルウォーター」をセット。これらには日本古来より伝わる3つの薬草、皮膚トラブルに絶大な作用がある「イタドリ」、殺菌力と活性酸素を除去する働きの「柿の葉」、疲労回復効果や殺菌力の高い「よもぎ」を特別な比率でブレンドした発酵エキスを使用。さらに自然界にわずかにしか存在しないトレハロース「復活の糖」を配合。精製水の代わりにFTW セラミックスで活水した水を使用し、「FTW フィオーラ」と周波数が揃うことで、より細胞に届きやすく、エイジングケアアイテムとしてさらなる相乗効果が得られます。まずは一度他の化粧品を一切使わずに3日間お試しになってみてください。

※セットの化粧品はミニサイズとなります。追加でお買い求めいただくこともできます。

**こんなにすごい！**
**FTW フィオーラで期待できる効果**

◆美肌・リフトアップ
◆肩こり・腰痛・冷え・関節痛に
◆切り傷・擦り傷・炎症に
◆ストレスに
◆美しい体型をサポート
◆食材の熟成（肉、魚、野菜、果物、ワインなどのお酒）

## 決め手は「FTW水」「稀」「粉おしろい」の3つの力
## 光を纏うようにお肌を整えるファンデーション

**ナチュラルウォーターファンデーション**

■ 5,280円（税込）

●内容量：25㎖　●成分：水、プロパンジオール、酸化チタン、ソルビトール、カオリン、1,2-ヘキサンジオール、硫酸Mg（アクリレーツ／アクリル酸エチルヘキシル）クロスポリマー、酸化鉄、カキ葉エキス、イタドリエキス、ヨモギエキス、エタノール、シリカ、ポリアクリル酸Na、水酸化AI　●カラー：オークルインベージュ　●オイル、パラベン（防腐剤）、シリコン（合成高分子化合物）、香料すべて未使用

※お肌に合わない場合は使用をお止めください。

これまでFTW製品の開発で培ってきたノウハウを結集し、軽やかな着け心地、伸びの良さ、崩れにくいカバー力を実現。理想的なファンデーションができあがりました。ベースとなる水はFTWセラミックスと螺旋水流でろ過した「FTW水」。電子の誘導や遠赤外線を超える周波数といったFTWが持つ特性がプラスされたことで、水中の電子方向が整った誘電率の高い水になり、物質の酸化や劣化を防ぎ新陳代謝の効率を高めます。また、イタドリ、柿の葉、ヨモギの液体成分を発酵し、その植物信号を抽出してつくられた「稀」も配合。肌トラブルや婦人科系のトラブルをはじめ、日本古来から活用されてきた薬草ならではの効能が期待できます。

化学成分など肌への負担になるものは一切用いず、オイルの酸化臭もしません。どんな肌タイプの方でも心地よくつけていただけます。重ね塗りしても快適な仕上がりで、薄づき派もしっかり派も、肌質をコントロールしやすいでしょう。

**FTW フィオーラとの併用が超オススメ！**

ファンデーションの上から「FTW フィオーラ」でコロコロすると、ファンデーションと同じ周波数がお顔に広がります。その結果、ファンデーションが定着してより化粧崩れしにくくなり、ツヤが出てリフトアップ効果もぐんと上昇！
ぜひ相乗効果をご体感ください。

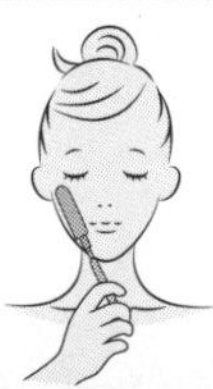

ヒカルランドパーク取扱い商品に関するお問い合わせ等は
メール：info@hikarulandpark.jp　URL：https://www.hikaruland.co.jp/
03-5225-2671（平日11-17時）

＊ご案内の価格、その他情報は発行日時点のものとなります。

## 本といっしょに楽しむ イッテル♥ Goods&Life ヒカルランド

### 小型だけどエネルギーはしっかり！ 凝りや痛みを軽減させる新しいFTWの形

**FTWキュアスポット**

■ 3,520円（税込）

●素材：FTW セラミックス　●サイズ：約15㎜

●２個入り

サイズは小さいけどFTWの効果をリーズナブルに体感できるアイテムとして評判の「FTW キュアスポット」。肩こりを起こしている部位など、トリガーポイントにバンソウコウなどで貼って直づけして使います。しばらくすると、気になっていた凝りや痛み、不快感などはすーっと抜けてカラダが楽になっていくのをご実感されることと思います。さらに肩から顔・頭部まで効果が伝わり、お顔のリフトアップにもなります。お値段もお手頃なので、まずは凝りや痛みにどうFTW セラミックスの力が作用するかを体感してみたいという方にもオススメです。

### 消臭・除菌に強力な力を発揮！ 世界でも類を見ない特殊な精油

**エッセンシャルオイル「稀（まれ）」**

■ 4,400円（税込）

●内容量：10㎖　●成分：植物抽出液オリジナル成分「稀」、針葉樹葉精油類（ジュニパーベリ、サイプレス、スギリーフ、ローズマリー、レモン、ライム、リッツアクベバ、シダ、パイン、コパイババルサム、パチュリ、エタノール）

●使用方法：ディフューザー、霧吹きの水、食器用洗剤に数滴たらしてお使いください。その他お好みでさまざまな用途にお使いいただけます。

日本古来から用いられてきた薬草「イタドリ」「柿の葉」「よもぎ」を成分としてではなく、全体の植物信号として抽出した特殊な植物エキスを配合した精油。15年の歳月をかけて完成したこのエキスは、ポリフェノール、ファイトケミカルの作用により、抗酸化、免疫力アップ、健康維持に役立ちます。その特筆すべき性質は消臭・除菌効果。化学物質を分解する働きで、靴や洋服についた嫌なにおい、カビ取り剤や漂白剤の強烈なにおいを即解消します。もちろんオイルのアロマ自体からも癒し・リフレッシュ効果を得ることができます。

## 本といっしょに楽しむ イッテル♥ Goods&Life ヒカルランド

### ■六角型で高次元のエネルギーが転換される!?

エネルギー系の波動商品は数あれども、νＧ７（ニュージーセブン）シリーズほどシンプルで不思議なものはないでしょう。なにせ、中身の見た目はただのナットなのですから！　特殊加工されているとはいえ、工具箱に入っているようなネジ部品を組み合わせただけで、水や空間のエネルギーが活性化するなんて！

開発者の野村修之（のむらしゅうし）（株式会社ウエルネス代表取締役）さんは若い頃に大事故に見舞われて以来、辛い思いを重ねながら、さまざまな治療を試してみたそうです。ある時、仲良くなったある気功師と意気投合して「気というエネルギーは、どんな形状や物質と相性がいいのか」を研究。すると「鉄は気が入りやすいけど抜けてしまう。アルミは入らない。ステンレスは気を安定させる。六角型は気が外側に流れだしている」ことが分かってきました。ならば身近にあるナットを活用すればいいのではとなったそうです。

ヘキサゴンフィールドコンバーターは、νＧナットを組み合わせて作られた六角型の構造。水や空気が通過すると電子を効率的に取り込んで活性化。分子間のエネルギー交換が効率的になり生命体の活性化にもつながります。

野村さんは遊びがてら、ナットを組み合わせたものに気のエネルギーを入れたものを試作して、友人にプレゼントしたのだそうです。ある人は豚舎に設置してみたところ、子豚の死亡率が激減。またある夫婦は、部屋に置いておいたら不妊症だった夫人が子宝に恵まれたなどと感謝されることになり、野村さん自身がびっくり。本格的な製品開発に乗り出すことになりました。

今ではこのνＧナットは、一つひとつに熱や電気などを加えて、気が注入されたのと同じ作用を持つように工夫され、世界中で特許を取得しています。νＧナットの中を水や空気が通過していく時、微弱な電気エネルギーが発生するのではないかと考えられています。あのNASAもひそかに注目しているのも頷けます。特許を取得した実績に加え、論文、体験談、数々の導入実績はここではとても紹介しきれないほど。

### ■あのシリウスボールと強力コラボ

開発者の野村修之さんは、シリウスボールを開発された櫻井喜美夫さんと長年親しくされているとのこと。「本当は教えたくないんだけど、組み合わせるとνＧ７のパワーがぐんと増すんです」と太鼓判。「シリウスボール」はキミオライトとソマチッドを融合した特殊なセラミックです。キミオライトには電子を供給する働きがあり、電子が増えるほどソマチッドは生命力を増します。

また、科学者から「生命エネルギー光線」とも呼ばれるテラヘルツ波が群を抜くほど照射されているキミオライトは、各社の浄水器にも使用されています。